Das Dithmarschen Kochbuch

– Kohlinarisch zwischen Küste und Kanal –

TV-Koch Thies Möller, Werner Siems

ISBN 978-3-86037-478-8

1. Auflage

©2012 Edition Limosa GmbH
Lüchower Straße 13a, 29459 Clenze
Telefon (0 58 44) 97 11 63-0
Telefax (0 58 44) 97 11 63-9
mail@limosa.de, www.limosa.de

Redaktion:
TV-Koch Thies Möller, Werner Siems

Lektorat:
Doreen Rinke

Satz und Layout:
Zdenko Baticeli, Christin Stade, Lena Hermann

Korrektorat:
Ulrike Kauber

Unter Mitarbeit von:
Britta Arndt, Sathis Nageswaran, Loredana Woldt

Medienberatung:
Thies Möller

Gedruckt in Deutschland.

Bildquellennachweis:
Amtsarchiv Büsum: S. 36, S. 55, S. 124 kl., S. 125 kl., S. 112, S. 157 gr., S. 170 gr; Archiv des
Dithmarscher Landesmuseums, Meldorf: S. 91, S. 111, S. 117 kl.; Birgit Eckert: S. 22 (oben), S. 123;
Dithmarschen Tourismus e.V.: S. 3; Elke Hayeßen: S. 6, S. 116, S. 141 gr., S. 140 gr., S. 255; Kreis
Dithmarschen: S. 14, S. 83 kl.; Frank Ossenbrink: S. 13
Alle übrigen Fotos im Innenteil und auf dem Umschlag: Werner Siems und Archiv Thies Möller

TV-Koch Thies Möller · Werner Siems

DAS DITHMARSCHEN
KOCHBUCH

Kohlinarisch zwischen Küste und Kanal

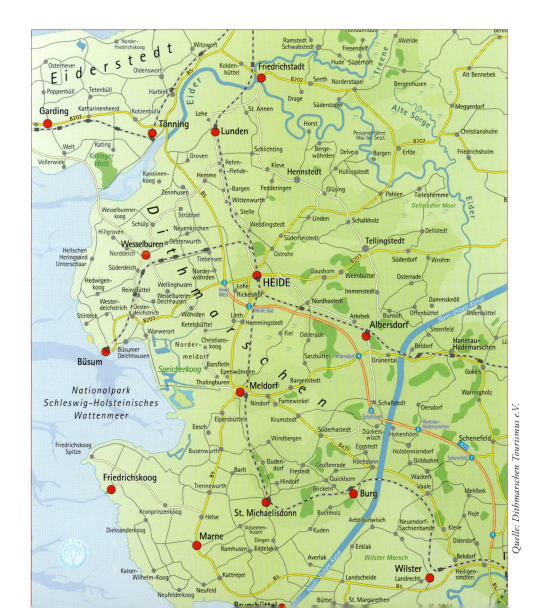

Quelle: Dithmarschen Tourismus e.V.

Inhaltsverzeichnis

Wenn nicht anders vermerkt, sind alle Rezepte für vier Personen ausgelegt.

»Historische Rose«
am Landwirtschaftsmuseum in Meldorf

Über Geschmack läßt sich nicht streiten.

Frische Krabbenbrötchen. Natürlich aus Büsum.

büsum*
Nordsee-Heilbad

nordsee*
schleswig-holstein

www.buesum.de

Diese kleinen Boote werden auch heute noch von den Eiderfischern benutzt.

Geschichten und Erzählungen

Spaziergang im Watt

Kochen mit Leidenschaft

Das Schöne an meinem Beruf ist, durch das Kochen mit den Menschen ins Gespräch zu kommen. Es gibt inzwischen viele begeisterte Hobbyköche, denen ich gerne Tipps und Tricks verrate. So entstand unsere Kochschule: Bi Thies und Tanja to Huus.

Für mich und meine Frau Tanja ist Kochen nicht nur ein Beruf, sondern pure Leidenschaft. Ob bei Fernsehauftritten, Koch-Events oder »Bi uns to Huus« – unser Dithmarscher Herz schlägt für die hohe Kochkunst.

Im beschaulichen Ort Schülperweide, nahe dem Nordseeheilbad Büsum und St. Peter-Ording, erleben Sie mit uns unvergessliche kulinarische Stunden in gemütlichem typisch norddeutschem Ambiente. Ob Kochkurse, Familienfeiern, Firmenevents, Festessen oder à la carte, bei uns werden Sie rundum kulinarisch verwöhnt.

Tanja und ich freuen uns auf Sie.

Mit kochender Leidenschaft,

Ihr
Thies Möller

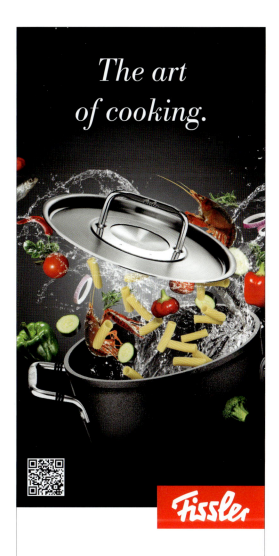

TV-Koch Thies Möller –
Küchenmeister und Fachlehrer für die Gastronomie

Nach zahlreichen Versuchen meiner Mutter, eine der ersten Küchenmeisterinnen Deutschlands, mich vom Beruf des Kochs abzuhalten, wurde ich es nach dem Ausnehmen stinkender Hasen und Säubern gammliger Mülleimer im Praktikum dann doch. Was ich nicht wusste, meine Mutter hatte alles organisiert, dass ich nur die schlimmsten Aufgaben erfüllen musste. Aber ich hielt durch und habe es nicht bereut.

Nach der Ausbildung als Koch mit Auszeichnung und der Goldmedaille im Landesberufswettkampf, lernte ich auch Fleischer, absolvierte die Hotel- und Gaststättenberufsfachschule in Bad Wiessee und Tegernsee, hatte zahlreiche Jobs als Küchenchef und Küchenmeister und übernahm nach dem zweiten Staatsexamen die leidenschaftliche Aufgabe, junge Menschen am Beruflichen Bildungszentrum in Meldorf zu unterrichten. Durch meine Initiative lernten die Berufsschüler andere Top-Küchen in Moskau, Paris, London und Wien kennen. Dieses Engagement wurde vom DeHoGa mit der silbernen Ehrennadel belohnt. So waren es auch Schüler, die gelesen haben, dass Köche für eine Gameshow gesucht werden und mich so lange bedrängten, dass ich mich schließlich bewarb. Ich wurde zum Casting eingeladen und landete beim Kochduell, der ersten und schnellsten Kochshow der Welt auf dem Sender VOX. Mein Herz hängt nicht nur am Kochtopf, auch die Servierkunst wurde im eigens initiierten Wettbewerb »Race for gold« von zur Perfektion geneigten Schülern praktiziert.

Die Rezepte dieses Buches habe ich zum Teil von meiner Mutter erlernt, aber auch während meiner Laufbahn als Smutje auf großer Fahrt, TV-Koch, Küchenchef, Vorsitzender der Prüfungskommission und Fachlehrer für die Gastronomie an meine Schüler weitergegeben. So steht bei mir nicht nur die hohe Kochkunst an erster Stelle, sondern auch die Unterhaltung und der Spaß. Bei meinen Kochshows bleibt selten ein Auge trocken. Viele der Rezepte sind leicht nachzukochen und Sie finden die Zutaten im gut sortierten Lebensmittelmarkt »um die Ecke«. Ich bevorzuge die einheimische Küche und traditionelle Gerichte, modern angerichtet.

TV-Koch Thies Möller

Werner Siems – freischaffender Journalist und Fotograf

Ich bin in Dithmarschen geboren und hier auch aufgewachsen. Als junger Mensch wurde es mir dann aber zu eng und ich wollte raus, die »weite Welt« kennenlernen. Unter anderem habe ich auch mehr als 20 Jahre im Raum Köln/Düsseldorf verbracht. Dann verschlug es mich 1998 zurück nach Dithmarschen. So bin ich Einheimischer und Zugereister zugleich. Das brachte mir den großen Vorteil, diesen netten Landstrich, der sich Dithmarschen nennt, mit zwei Paar Augen zu betrachten: mit den Augen des hier Aufgewachsenen und – nach der langen Abwesenheit – auch mit den Augen eines entdeckungsfreudigen Fremden. Was viele Einheimische als alltäglich und selbstverständlich betrachten, konnte ich mit einem anderen Blick ergründen und schätzen lernen. Und mir gefiel, was ich sah.

Nun bin ich schon wieder über ein Jahrzehnt hier oben im Norden und möchte auch nicht mehr weg. Ich weiß es zu schätzen, dort leben zu dürfen, wo andere ihren Urlaub verbringen. Für mich ist Dithmarschen eine Region mit Charakter, manchmal nicht ganz einfach, aber unbedingt liebenswert. Ja, ich genieße es, hier zu sein. So möchte ich die frischen Krabben nicht mehr missen. Auch nicht den Wind, der mir um die Ohren weht und den Salzgeschmack, den man in Küstennähe auf den Lippen verspürt. Oder die Möglichkeit, nach einem Arbeitstag abends mal kurz ins Watt zu gehen, um mit der Flut wieder zurück zu laufen. Das ist Entspannung pur.

Ja, ich bin bekennender Genießer, bei allen schönen Dingen des Lebens – also auch was das Essen betrifft. Daher kenne ich Thies schon einige Jahre. Ich war bei mehreren seiner Kochshows dabei und weiß sowohl seine Kochkunst als auch sein schlagfertiges Mundwerk zu schätzen. Als dann der Anruf von Tanja und Thies kam, ob ich an diesem Buch mitmachen wolle, gab es kein Zögern. Denn ich weiß, dass die Darstellung aller Aspekte der Dithmarscher Küche – der traditionellen ebenso wie der modernen – bei ihm in guten Händen ist.

Werner Siems

Bi Thies und Tanja to Huus

Der Dithmarscher Küchenmeister und TV-Koch Thies Möller und seine Frau Tanja erfüllten sich einen Traum: Bei sich zu Hause in Schülperweide eröffneten sie ein eigenes, hochmodern eingerichtetes Kochstudio, in dem das ganze Jahr über Koch-Kurse angeboten werden. Mittelpunkt der neuen Kochschule in dem idyllischen Reetdachhaus ist der Küchenbereich – großzügig, hochmodern sowie kinder- und behindertengerecht eingerichtet. Bis zu 20 Personen können hier an den Kochkursen teilnehmen. Gleich nebenan befindet sich das stilvoll und mit viel Liebe zum Detail eingerichtete Restaurant, das Platz für etwa 70 Personen bietet. Historische Einrichtungsgegenstände wie eine 1,2 Tonnen schwere englische Telefonzelle, eine Schiffsbar von 1893 und alte Küchenherde geben diesem Raum sein besonderes Flair.

Die Kochkurse werden unter Verwendung hochwertiger regionaler Erzeugnisse durchgeführt – wie zum Beispiel mit Bio-Gemüse vom Landwirt gleich nebenan. Der Schwerpunkt der Kurse liegt auf der regionalen Küche – unter anderem wird »Eine kulinarische Entdeckungsreise durch Schleswig-Holstein« durchgeführt. Aber auch »Mediterrane Spezialitäten« stehen im Programm. Zum Abschluss wird das zubereitete Menü an einer schön gedeckten Tafel im Restaurant verzehrt. Partner, die nicht am Kochkursus teilnehmen, können zum Essen dazukommen.

»Von einem Profi lernen und dabei Spaß haben«, lautet das Motto der Kurse. Wer Thies Möller im Fernsehen gesehen oder ihn selbst erlebt hat, wird es wissen: Der Küchenmeister verrät nicht nur Tipps und Küchengeheimnisse, er erzählt auch humorvolle und teils recht skurrile Geschichten, die er während verschiedenster Fernsehsendungen und diverser Koch-Shows erlebt hat.

Auch wer einfach nur gutes Essen genießen möchte, ist »Bi Thies und Tanja to Huus« richtig. An bestimmten Tagen kann man zum Beispiel eine Radtour machen und bei Thies und Tanja vorbeischauen. Oder – nach vorheriger Anmeldung – zu bestimmten Anlässen ein mehrgängiges Festessen genießen. Alles findet in familiärer Atmosphäre statt – Spaß und gute Stimmung inklusive. Es ist ganz so, als wäre man bei Freunden zu Besuch.

Tanja Möller

Grußwort von Ministerpräsident Carstensen

Klar, schreibe ich gerne ein Vorwort für das neue Kochbuch von Thies Möller. Da musste ich nicht lange überlegen. Denn Thies Möller kann nicht nur gut kochen. Er ist auch Dithmarscher. Und dass beides sich nicht ausschließt, beweist er hier mit seinen Rezepten. Schon deshalb ist dieses Kochbuch eine gute Sache, die ich ausgesprochen gerne unterstütze. Auf den folgenden Seiten finden Sie regionale Köstlichkeiten, die gut schmecken und zu Unrecht wenig bekannt sind.

Meine Mutter hat immer gesagt: Mehr als Dithmarscher kann der Mensch nicht werden. Sie hatte leicht reden: Sie kam ja von dort. Für mich war ihre Kochkunst aber auch immer der beste Beweis, dass die Küche der Westküste unglaublich lecker schmeckt. Sie passt zu den Menschen hier. Unsere Speisen sind herzhaft und ehrlich, und wenn man will, auch pfiffig und raffiniert. Natürlich schmeckt ein Meelbüdel am allerbesten in Dithmarschen. Deshalb empfehle ich Ihnen als Ministerpräsident

Dithmarschen ist eine von Wasser geprägte Region.

dieses schönen Landes auch unbedingt einen Besuch in Schleswig-Holstein. Doch wo auch immer Sie ihn genießen möchten: Das Nachkochen lohnt sich. Und es ist gar nicht so schwer. Ich koche in meiner Freizeit selbst gerne für die Familie, und natürlich habe ich mich auch schon am Meelbüdel versucht. Schon meine Urgroßmutter tischte den Meelbüdel in der kalten Jahreszeit auf. Seit dem 17. Jahrhundert wird dieses Gericht bei uns in Norddeutschland serviert. Und auch hier ganz typisch für die schleswig-holsteinische Küche: Der Meelbüdel vereint Deftiges mit Süßem. Backobst oder Fruchtkompott wird ebenso als Beilage gereicht wie Kochwurst, Schweinebacke und Kasseler.

Habe ich Ihnen Appetit gemacht?
Dann hier mein Meelbüdel-Rezept für vier Personen:
Zutaten: 500 g Mehl vom Bäcker | 10 Eier | Schale einer Zitrone | 750 ml warme Milch | 125 g Butter oder Margarine | ein wenig Kardamom | 200 g Rosinen
Zubereitung: Etwas Milch über das Mehl geben und stehen lassen. In der Zwischenzeit die Rosinen in Wasser einweichen. Die Eier, die geriebene Zitronenschale, die restliche Milch, Fett, Kardamom und die eingeweichten, abgetrockneten Rosinen hinzugeben. Alles mit einem Knethaken am Mixer zu einer Masse verrühren, zu einem Kloß formen und auf ein Tuch geben. Das Tuch muss so groß sein, dass man eine Hand breit über dem Kloß alle vier Enden verknoten kann. Durch den Knoten schiebt man einen Kochlöffel und hängt den Kloß in den mit kochendem Wasser gefüllten Topf. Der Kochlöffel, der quer auf dem Topfrand liegt, hält den Knoten über Wasser, so dass kein Wasser eindringt. Den Kloß nun zwei Stunden im siedenden Wasser hängen lassen. Anschließend mit Kirschsoße, Kasseler, Kochwurst und Zimt und Zucker servieren.

Gehen Sie auf kulinarische Reise nach Dithmarschen! Guten Appetit wünscht Ihnen

Peter Harry Carstensen
Ministerpräsident
des Landes Schleswig-Holstein

Ministerpräsident Peter Harry Carstensen

Grußwort des Kreises

Zur Herausgabe des »Dithmarscher Kochbuches« von Thies Möller gratulieren wir herzlich.

Wenn unser »Dithmarscher Botschafter« zur Feder greift und kulinarische Genüsse zu Papier bringt, sind die Erwartungen groß. »Fernsehkoch« Thies Möller hat sich über Jahrzehnte mit der heimischen Küche beschäf-

Landrat Dr. Jörn Klimant *Kreispräsident Karsten Peters*

tigt und daher immer wieder Gerichte kreiert, die von Ideenreichtum aber auch von Traditionsbewusstsein zeugen. Er lässt längst vergessene Rezepturen wieder aufleben, bewahrt sie so vor dem Vergessen und verknüpft sie mit neuen Ideen und neuen Geschmackserlebnissen. Ganz dem Motto des Kreises folgend:
»Dithmarschen – einfach anders«.

Wo auch immer Thies Möller seine Kochkünste präsentiert, legt er großen Wert darauf, heimische Produkte zu verwenden – eine Verbeugung vor der hiesigen Landwirtschaft und ein Qualitätssiegel zugleich. Alle Köchinnen und Köche aus nah und fern brennen sicher darauf, die neuen Rezepte in seinem Buch zum Leben zu erwecken. Wir sind natürlich sehr stolz, dass Thier Möller erneut den Füller geschwungen hat, um uns alle mit kulinarischen Köstlichkeiten zu verwöhnen. Bei der Umsetzung wünschen wir Profis und Amateuren viel Erfolg.

An vielen Tischen in Dithmarschen und weit darüber hinaus wird es auf entsprechende Nachfrage zukünftig heißen: »Dat Rezep hebb wi ut Thies Möller sien niedet Kokbook!«

Guten Appetit!

Dr. Jörn Klimant
Landrat des Kreises Dithmarschen

Karsten Peters
Kreispräsident des Kreises
Dithmarschen

14

Moin, moin – willkommen in Dithmarschen

Mit einen kräftigen »Moin« oder »Moin, moin« begrüßt man sich hier bei uns in Dithmarschen – und das zu jeder Tageszeit. Denn »Moin« bedeutet nicht »Guten Morgen« – wie es fälschlicherweise oft angenommen wird. Die Herkunft des Wortes ist zwar nicht ganz geklärt, es wird aber angenommen, dass es sich aus »Moien« entwickelt hat, einem alten Wort für »schön« oder »gut«. Wenn man hier bei uns also »Moin« sagt, dann wünscht man sich »einen Guten«.

»Ja, Ditmarschen? Wo liegt denn das?«, werden Sie sich fragen. Die Frage stellte man mir auch sehr oft während meines mehr als 20-jährigen Aufenthalts im Großraum Köln/Düsseldorf. Denn mit der Region Dithmarschen, damit konnte keiner so weit im Süden so recht etwas anfangen. Mit »an der Westküste Schleswig-

Der Hafen von Büsum ist ein beliebter Anziehungspunkt für Feriengäste und Einheimische.

In Dithmarschen nutzen mehr als 760 Windkraftanlagen den Wind zur Energiegewinnung.

Holsteins – nördlich der Elbe, östlich der Nordsee, südlich der Eider und westlich des Nord-Ostsee-Kanals« konnte ich die Frage zwar recht exakt beantworten, doch überforderte ich damit auch die geografische Vorstellungskraft der Fragenden. In Nordrhein-Westfalen, dem Bundesland mit den zahlreichen Großstädten, kam dann unweigerlich die nächste Frage: »Welche größere Stadt liegt denn in der Nähe?« Ja, da musste ich dann doch passen. Eine größere und zudem im Rheinland auch noch bekannte Stadt in der Nähe – damit konnte ich nicht aufwarten.

Dithmarschen ist nun mal ein ländlich geprägter Raum mit vielen Dörfern und fünf Kleinstädten: die Kreisstadt Heide (mit etwa 20 000 Einwohnern zugleich auch die

Die Südermühle in Meldorf

Der Wasserturm ist das Wahrzeichen der Kreisstadt Heide.

größte Stadt der Region), Brunsbüttel, Meldorf, Marne und Wesselburen. Dafür findet man im Kreisgebiet auf relativ kleiner Fläche eine Vielfalt unterschiedlicher Landschaftsformen. Die Küstenregion der Nordsee, die Flusslandschaften der Elbe und der Eider, die üppigen Weiden und fruchtbare Äcker in den Marschen, die Moore in den Niederungen sowie die sandige Geest mit ihren ausgedehnten Wäldern und den von Knicks gesäumten Feldern. Dithmarschen ist – wie bereits angedeutet – von allen Seiten von Wasser umgeben. Ja, es ist wirklich so: Dithmarschen kann man trockenen Fußes nur per Flugzeug, Schiff oder über Brücken und Fähren erreichen.

Wie in den meisten ländlich geprägten Gebieten ist auch in Dithmarschen eine eigenständige regionale Küche entstanden. Da sie zum einen auf die frischen Produkte der fruchtbaren Äcker und Weiden zurückgreifen kann, zum anderen auf die Fische und Meeresfrüchte der nahe gelegenen See, ist diese recht vielfältig. In der regionalen Küche wird zwischen der traditionellen und der modernen Küche unterschieden. Die traditionelle Küche zeichnet sich durch nahrhafte, deftige Speisen aus, die vor allem eins sollen: satt machen. Zu ihr zählen Mehlspeisen wie der Mehlbüdel und das Schwarzsauer, ein Gericht, das früher bei Hausschlachtungen gegessen wurde. Die moderne Küche ist leichter und vielfältiger geworden. Sie basiert auch auf Zutaten, die in der traditionellen Küche wenig oder nicht genutzt wurden – wie zum Beispiel Lammfleisch. Zudem kann Dithmarschen mit zwei besonderen Produkten aufwarten, die weit über die Grenzen des Kreisgebietes hinaus bekannt sind: mit Büsumer Krabben und mit Kohl, der in den fruchtbaren Marschgebieten bestens gedeiht.

17

Die Lage direkt an der Nordsee und die Weitläufigkeit der Landschaft machen Dithmarschen zu einer beliebten Urlaubsregion. Wer einen familienfreundlichen Badeurlaub an der Nordsee plant oder wer einfach Ruhe und Entspannung sucht – an und hinter den Deichen Dithmarschens wird jeder das Richtige finden. Zudem lassen sich in der Region gut die kleinen und großen Geheimnisse der Natur entdecken. Viele Gebiete stehen unter Schutz – als Landschafts- oder Naturschutzgebiet – oder als Teil des Nationalparks »Schleswig-Holsteinisches Wattenmeer«.

Die St. Bartholomäus-Kirche zu Wesselburen

Eingelegter Schafskäse

600 g Schafskäse	in Würfel schneiden.
2 Knoblauchzehen	pellen und in Scheiben schneiden.
1 Bund glatte Petersilie	waschen und von den Stielen zupfen.
1 Bund Schnittlauch	waschen, in feine Röllchen schneiden. Alle Zutaten mit
1 TL Kräuter der Provence	
je 1 TL weißer, schwarzer Pfeffer	sowie
1 Zweig Rosmarin	in ein großes Glas geben und mit etwa
500 ml Olivenöl	begießen. Der Käse muss ganz mit Flüssigkeit bedeckt sein. Das Glas mit einem Deckel verschließen und 2 bis 3 Tage im Kühlschrank ziehen lassen. Hält sich kühl auch länger und wird immer besser.

Den Schafskäse in eine Auflaufform mit Oliven, Peperoni und gewürfelten Tomaten geben, bei 180 °C etwa 15 Minuten backen, bis der Schafskäse leicht braun wird. Dazu schmecken hausgebackene Brötchen (Rezept S. 193).

Dithmarscher Entenbrust auf Feldsalat

1 Entenbrust	waschen und trocken tupfen. Die Haut mit einem sehr scharfen Messer rautenförmig einritzen, dann mit
Salz, Pfeffer	würzen. Nun in einer Pfanne
2 EL Rapsöl	erhitzen und die Entenbrust auf der Hautseite anbraten, nach etwa 5 Minuten wenden. Dann bei 100 °C für 10 bis 15 Minuten im vorgeheizten Backofen weiter garen. Die Entenbrust in Alufolie wickeln, mit einer Gabel Löcher in die Folie stechen und zur Seite legen. Währendessen
300 g Feldsalat	waschen und gut abtropfen lassen.
Je 20 g Sonnenblumen-, Pinien- und Kürbiskerne	in einer beschichteten Pfanne ohne Fett anrösten. Aus
2 EL Balsamico-Essig	
1 EL Zucker	
Salz, Pfeffer	sowie
1 TL Zitronensaft	ein Dressing aufschlagen. Zum Anrichten den Salat auf Teller verteilen. Die Entenbrust in etwa 12 dünne Scheiben schneiden und auf den Salat legen. Zum Schluss das Dressing und die gemischten Kerne darauf verteilen.

19

Salat immer im stehenden Wasser waschen, da die Salatblätter sonst vom Wasserstrahl beschädigt werden können. Aus demselben Grund sollte man keine Salatschleuder verwenden.

Fischrösti mit Sauce Remoulade

350 g Kartoffeln (festkochend)	in der Schale in Salzwasser 10 Minuten kochen. Abtropfen und einige Minuten abkühlen lassen. Inzwischen
350 g Kabeljaufilet	fein hacken, in eine Schüssel geben.
4 Frühlingszwiebeln (fein gehackt)	sowie
1 TL frische Ingwerwurzel (gerieben)	
2 EL frischer Koriander (gehackt)	
2 TL Zitronensaft	hineinrühren. Mit
Salz, Cayennepfeffer	abschmecken. Wenn die Kartoffeln abgekühlt sind, pellen und reiben. Vorsichtig unter die Fischmischung heben. Den Fischteig in 12 Häufchen aufteilen, danach leicht flach drücken.
2 – 3 EL Rapsöl	in einer großen Pfanne erhitzen. Die Fischküchlein portionsweise etwa 3 Minuten – bis sie goldbraun und knusprig sind – backen. Auf Küchenpapier abtropfen lassen. Heiß mit
Korianderzweige	und mit
Zitronenspalten	verzieren.

Reichen Sie dazu Sauce Remoulade (Rezept S. 159).

Reichen Sie dazu Sauce Remoulade (Rezept S. 159).

20

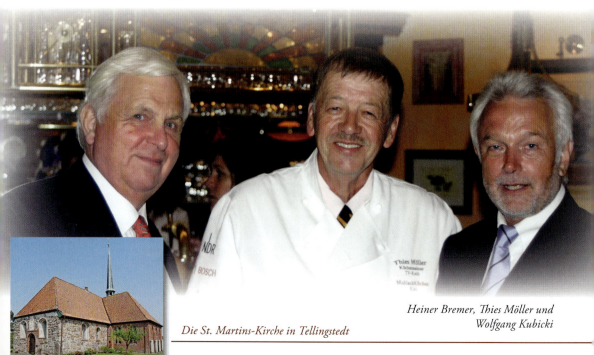

Die St. Martins-Kirche in Tellingstedt

Heiner Bremer, Thies Möller und Wolfgang Kubicki

Matjesfilets auf Preiselbeerquark

1 Apfel (säuerlich)	schälen, entkernen und in 4 Scheiben schneiden. Diese Scheiben kurz in heißem Wasser dünsten.
125 g Quark (20 % Fett)	mit
2 – 3 EL Joghurt	sowie
3 – 4 EL Preiselbeerkompott	verrühren und die Hälfte dieser Masse auf die Apfelscheiben streichen.
4 Matjesfilets	aufrollen, hochkant auf den Apfelscheiben anrichten und mit dem restlichen Quark garnieren.

Als Beilage reicht man Schwarzbrot mit Butter.

21

Panierter Matjesspieß

Töpfer-Denkmal in Tellingstedt

Fischerhäfen Büsum und Friedrichskoog –
Urlaubsregion Dithmarschen

Die Fischerhäfen Büsum und Friedrichskoog sind die bekanntesten und meistbesuchten Urlaubsorte Dithmarschens. Mit Hotels, Pensionen, Ferienwohnungen und Fremdenzimmern unterschiedlicher Kategorien, Kinderbetreuung, vielfältigen gastronomischen Angeboten und zahlreichen touristischen Einrichtungen bieten sie dem Feriengast die nötige Infrastruktur für einen abwechslungsreichen und erholsamen Urlaub. Zudem bieten beide Orte ein vielfältiges Unterhaltungsangebot. Beide

Badefreuden am Büsumer Strand in den 1920er Jahren

Orte sind ideal für familiengerechte Bade-Urlaube. Sie sind nicht nur erholsam und entspannend, die wohltuende, jodhaltige Meeresluft wirkt sich auch positiv auf die Gesundheit aus. Da die Orte an der Nordsee liegen, sind sie den Gezeiten Ebbe und Flut unterworfen. Das bietet gleich zwei Alternativen, den Urlaubstag am Strand zu verleben: Baden bei Hochwasser und Wattenlaufen bei Niedrigwasser.

22

Büsum kann als Seebad auf eine lange Tradition zurückblicken, die 1817 mit einer einfachen Badestelle und ein paar Badekarren begann. Bereits 1836 wurden die ersten festen Badehäuschen am Strand errichtet und seit 1837 darf Büsum den Titel Nordseebad führen. Die Gästezahlen bleiben jedoch recht niedrig, obwohl Badegäste in Fuhrwerken aus Heide und sogar von Itzehoe abgeholt wurden. So nahmen in der Saison 1879 nur etwa 180 Gäste die beschwerliche Anreise auf sich. Der Bahnanschluss 1883 sorgte für einen ersten Boom und die bis dahin private Badestelle wurde 1896 von der Gemeinde übernommen. Büsum blieb zunächst ein recht konservatives Bad. Erst 1903 richtete die Gemeinde nach anfänglichem Zögern neben dem Damen- und Herrenbad auch ein Familienbad ein. Und seit 1949 darf Büsum sich als Nordsee-Heilbad bezeichnen. Trotz einer touristischen Entwicklung hat Büsum bis heute seinen Charme als Fischerhafen und touristischer Ort erhalten.

Friedrichskoog gehört hingegen zu den jüngeren Orten an der Dithmarscher Küste. Als in Büsum bereits die ersten Urlauber begrüßt wurden, gab es Friedrichskoog noch gar nicht. Hier war See. Der »König Frederik der VII. Koog«, benannt nach dem dänischen König Frederik VII. wurde erst 1854 eingedeicht. Im Zuge der Eindeichung entstand ein Hafen, um den sich nach und nach eine Fischersiedlung bildete.

Der idyllische Hafen von Friedrichskoog

Die Landwirtschaft und die Fischerei bildeten gut 100 Jahre lang die wichtigsten Wirtschaftszweige. Der Fremdenverkehr begann erst in den 1950er Jahren. Der erste Bericht über Feriengäste stammt aus dem Jahr 1956. Im Sommer kamen etwa 50 bis 60 Urlauber, die von der Ruhe und Stille des Ortes begeistert waren. Heute gehört der Tourismus mit zu den wichtigsten Wirtschaftszweigen der Gemeinde.

Wer zum ersten Mal nach Friedrichskoog kommt, wird vielleicht etwas verwirrt sein, denn der Urlaubsort besteht aus zwei knapp fünf Kilometer auseinander liegenden Ortsteilen: Friedrichskoog-Mitte und Friedrichskoog-Spitze. Friedrichskoog-Mitte ist das alte Fischerdorf mit dem Hafen als Zentrum, Friedrichskoog-Spitze ist der Mittelpunkt sommerlichen Badevergnügens. Seit 2004 ist der Ortsteil Friedrichskoog-Spitze als Nordsee-Heilbad anerkannt.

Garnelen im Knusperteig

2 Eier	verquirlen.
150 g Cornflakes	fein zerbröseln.
12 Riesengarnelen mit Schale	aus der Schale lösen, am Rücken entlang einschneiden und jeweils den schwarzen Darmfaden entfernen. Garnelen abbrausen, trocken tupfen, in etwas
Mehl	wenden, durch die verquirlten Eier ziehen und in den Cornflakes panieren.
400 ml Pflanzenöl	erhitzen (180 °C) und die Garnelen darin goldbraun und knusprig ausbacken. Auf Küchenpapier abtropfen lassen und mit
Meersalz	salzen.

23

Dazu passt Salat an Orangendressing (Rezept S. 50). Gebackene Garnelen auf den Salat legen und mit Kresse bestreut servieren.
Fett im Topf erhitzen, eine Kartoffel hineinlegen, um zu überprüfen, ob das Fett heiß genug ist. Die Kartoffel muss leicht bräunlich werden. Wenn die Kartoffel im Topf bleibt, spritzt das Fett nicht mehr.

Garnelen im Knusperteig

Gratinierte Austern

24 Austern	mit einem Austernöffner oder einem Spezialmesser öffnen, Fleisch herausnehmen und das Austernwasser auffangen. Die tiefe Seite der Schalen mit einem Pinsel säubern und auf
Salz (grobkörnig)	in einer feuerfesten Form anrichten.
400 ml Fischfond	und das Austernwasser aufkochen. Die Austern darin 3 Sekunden pochieren, herausnehmen und in den Schalen warm stellen. Den Fischfond auf die Hälfte einkochen, dann
100 ml Sahne	hinzugeben und mit
Salz	sowie
4 Msp. Cayennepfeffer	abschmecken.
8 EL Sauce hollandaise	unterheben. Das Ganze über die Austern ziehen und im Ofen bei 220 °C etwa 4 Minuten überbacken.

Mit frischen Kräutern garnieren und sofort servieren.

Matjes »Lord Nelson«

1 Apfel	schälen, Kerngehäuse ausstechen und den Apfel in 1 cm dicke Scheiben schneiden. Den Saft von
½ Zitrone	mit etwas Wasser mischen und zum Kochen bringen. Apfelscheiben im kochenden Zitronenwasser etwa 30 Sekunden garen, herausnehmen und abkühlen lassen.
4 Matjesfilets	am Schwanzende (die letzten 2 cm) mit dem Messer »ausstreichen« oder leicht plattieren – je dünner, desto besser. Die Filets mit der Hautseite nach außen – beginnend mit der dicken Seite – aufrollen. Das »ausgestrichene« Ende fungiert zum Schluss als »Klebefolie«, deshalb benötigt man keinen Zahnstocher als Verschluss.
125 ml Sahne	schlagen, dann mit
2 TL Meerrettich	
1 Spritzer Zitronensaft	und
Salz	vorsichtig verrühren. Matjesröllchen auf die Apfelscheiben setzen und vorsichtig mit Sahnemeerrettich füllen. Röllchen mit
2 TL Johannisbeergelee	und
4 Dillfäden	garnieren.

25

Dazu passt warmes Schwarzbrot mit Butter sowie ein Bier.

Matjestorte nach Thies Möller

1 Apfel	waschen, achteln, entkernen und in Scheiben schneiden.
2 kleine Zwiebeln	pellen, vierteln und in Scheiben schneiden.
6 Gewürzgurken	der Länge nach halbieren, in Scheiben schneiden. Alle Zutaten mit
6 EL Crème fraîche	
2 EL Mayonnaise	
1 EL Zitronensaft	sowie
Salz, Pfeffer, Zucker	zu einer Sauce nach Hausfrauen Art gut vermengen.
2 Blatt Gelatine	in etwas
Gewürzgurkenfond	einweichen, nach 5 Minuten ausdrücken, in die Sauce rühren.
5 Matjesfilets	waschen, trocken tupfen und in Streifen schneiden. Etwas
Paniermehl	auf eine Tortenbodenplatte streuen. Nun den ersten Boden von
1 rundes Graubrot (2 x geschnitten)	darauf legen und mit etwas von
8 cl Aquavit	beträufeln. Die Hälfte der Sauce auf den getränkten Boden streichen und darauf die Hälfte der Matjesstreifen legen. Den nächsten Boden auflegen. Nun die Prozedur wiederholen. Den Deckel und die Seiten der Torte mit geschlagener
Sahne	einstreichen und oben mit
1 Matjesfilet (in Stücken)	
je 50 g Himbeeren, Blaubeeren, Johannisbeeren	sowie
Zitronenmelisse, Dillfäden	garnieren.

26

> *Paniermehl auf das Tortenblech geben, damit man die Torte leicht mittels einer Palette auf die Tortenplatte ziehen kann.*

Matjestorte nach Thies Möller

Matjespuffer

6 – 8 Matjesfilets	abtropfen lassen, trocken tupfen und fein würfeln.
750 g rohe Kartoffeln	schälen, reiben und etwas ausdrücken.
1 Zwiebel	schälen und ebenfalls reiben. Kartoffeln, Zwiebel sowie
Salz	
2 Eier	
1 EL Mehl	in eine Schüssel geben und zu einem Teig verarbeiten.
1 Bund Frühlingszwiebeln	putzen und etwa ein Drittel vom Grün abschneiden, fein schneiden.
2 Bund Petersilie	waschen und fein hacken. Die Frühlingszwiebeln, die Petersilie und die Matjeswürfel unter den Kartoffelteig mischen.
Pflanzenfett	in einer Pfanne erhitzen und nacheinander kleine Puffer backen.

Mit Kräuter-Crème fraîche bestreichen.

Reiter im Gebiet des Fieler Moors

Reetgedeckte Häuser in Brunsbüttel

Matjestatar »Dithmarscher Art«

150 g Rindertatar	in eine Schüssel geben.
150 g frische Matjesfilets	in feine Würfel schneiden und dazugeben.
2 Eigelbe	und
1 EL Zitronensaft	
1 Zwiebel (gewürfelt)	
1 Gewürzgurke (gewürfelt)	
1 EL Kapern	sowie
1 EL gehackte Petersilie	dazugeben und durchmischen. Mit
Salz, Pfeffer (weiß)	
Paprika (edelsüß)	und
Senf, Sherry	abschmecken.

Dieses Tatar kann mit geröstetem Toastbrot oder Schwarzbrot und Butter serviert werden.

In der Sturmflutenwelt »Blanker Hans« ist viel über das Thema Sturmfluten zu erfahren.

Im Sommer ist die Alleestraße in Büsum ein Ort zum Flanieren.

Museumshafen und »Blanker Hans« in Büsum

Der idyllische Hafen von Büsum mit dem Ankerplatz und der Hafenpromenade zählt zu den beliebtesten Anlaufpunkten im Nordsee-Heilbad. Das Hafengebiet gliedert sich in recht unterschiedliche Bereiche – vom nostalgischen Museumshafen über den Fischereihafen bis hin zu gewerblich genutzten Bereichen.

Der Museumshafen im Hafenbecken I wurde 2001 von einer privaten Initiative gegründet, dem Verein Museumshafen Büsum. Er ist nicht nur für Freunde historischer Schiffe interessant. Dieser älteste Teil des Büsumer Hafens, der in Lage und Größe seit 1720 nahezu unverändert geblieben ist, ist durch seine besondere maritime Atmosphäre ein beliebter Treff- und Anziehungspunkt. Neben historischen Gastschiffen liegen auch drei vereinseigene Schiffe im Museumshafen: Die »Margaretha«, ein 16 Meter langer Zweimast-Gaffelkutter aus dem Jahr 1911, der Kutter »Fahrewohl« sowie das 1944 gebaute Motorrettungsboot »Rickmer Bock«, das von 1960 bis 1981 in Büsum stationiert war. Der Museumshafen wird durch weitere Exponate ergänzt: das ursprünglich auf der alten Schleuse stehende Molenfeuer, einem Ankerfriedhof mit von Büsumer Fischern geborgenen Ankern, einem Tassenpegel, dem Nachbau des ersten Büsumer Leuchtturms sowie zwei Nachbauten von Schott´schen Karren, mit denen noch bis 1957 die frisch gefangenen Krabben von den Kuttern zu den Annahmestellen transportiert wurden.

In der im April 2006 eröffneten Sturmflut-Erlebniswelt »Blanker Hans«, kann sich der Besucher auf 6000 Quadratmetern mit dem Verlauf und den Auswirkungen von Sturmfluten auseinandersetzen. Die Einstimmung in das Thema beginnt im »Deichgrafen«, einer im Stil der 1960er Jahre nachgebildeten Dorfschänke. Von hier aus starten »Rettungskapseln« zu einer informativen Fahrt durch die Geschichte der Sturmfluten. Die Fahrt endet in der »Offshore-Forschungsstation«. Hier werden Naturphänomene wie Wetter, Klima und Gezeiten multimedial vermittelt. Unter anderem werden die Faktoren erklärt, die zu einer Sturmflut führen und in einem Windkanal kann jeder testen, wie sich Windstärke 12 anfühlt. Im »Archiv des Wissens« vermittelt eine Ausstellung geschichtliches Wissen zu den Sturmfluten und bietet Einblicke in die Technologien, die das Leben an der Küste sicherer machen. Unter die Haut gehen die Schilderungen von Zeitzeugen der schweren Sturmflut von Februar 1962, bei der das Nordseeheilbad nur knapp einer Katastrophe entging.

Der Leuchtturm ist das Wahrzeichen von Büsum.

Pfannküchlein
mit Räucherlachs und Pesto

120 ml Milch	die Hälfte der Milch in eine Schüssel gießen. Nun
115 g Mehl	
½ TL Backpulver	
1 Ei	
2 EL Pesto (Rezept S. 154)	sowie
Salz, Pfeffer	zugeben und zu einem Teig verarbeiten. Die restliche Milch unter Rühren in den Teig einarbeiten.
Pflanzenöl	in einer großen Pfanne erhitzen. Mit einem Esslöffel Teighäufchen abnehmen und in das erhitzte Öl legen. Die Pfannkuchen etwa 30 Sekunden anbraten, umdrehen und kurz auf der anderen Seite backen, warm halten. Portionsweise weiterbacken, bis der Teig aufgebraucht ist. Pfannkuchen auf einem Teller anordnen und je einen Löffel
Crème fraîche	darauf geben.
75 g geräucherter Lachs	in 1 cm breite Streifen schneiden und auf die Pfannkuchen legen. Die Pfannkuchen mit
15 g geröstete Pinienkerne	sowie
50 g Alfalfa-Sprossen	verzieren.

30

Michael Trester hat Kanapees zubereitet.

Warmer Ziegenfrischkäse im Speckmantel

250 g Ziegenfrischkäse	mit
Salz, Pfeffer	würzen. Von
1 Bund Thymian	die Blättchen zupfen und mit dem Käse vermengen. 4 Kugeln formen und mit je 2 von
8 dünne Scheiben durchwachsener Speck	umlegen. Einzeln in 4 Schweinenetze wickeln. Im vorgeheizten Backofen bei 180 °C etwa 6 bis 8 Minuten backen.

Die Tomaten-Vinaigrette

2 Tomaten	kreuzförmig einritzen und 3 Sekunden in kochendes Wasser geben, danach die Haut abziehen, entkernen und in Würfel schneiden.
2 Knoblauchzehen	pellen und fein hacken.
3 EL Rapsöl	erhitzen, Tomatenwürfel und Knoblauch anschwitzen. Mit
Salz, Pfeffer	sowie
2 EL Estragon-Essig	abschmecken. Zum Schluss
1 Bund Schnittlauch	in feine Röllchen schneiden und hinzufügen.

31

Den warmen Ziegenfrischkäse in die Mitte eines Tellers legen, die Tomaten-Vinaigrette darum träufeln. Dazu passt warmes Baguette. Schweinenetze erhalten Sie im Fleischerfachgeschäft.

Die Raffinerie von Hemmingstedt steht an der Stelle, an der die erste gezielte Erdölbohrung der Welt stattfand.

Die Mühle Margaretha in Hemmingstedt

Pilzpfanne im Brotnest

Die Pilze

200 g Pfifferlinge	abpinseln und den Stiel abschaben.
200 g Austernpilze	sowie
je 100 g weiße, braune Champignons	
200 g Kräuterseitlinge	säubern (abpinseln) und vierteln.

Der Fond

Für den Pilz-Fond etwas Wasser in einem Topf aufsetzen und die Stielreste der Pilze mit

1 EL Butter	und dem Saft von
½ Zitrone	aufkochen lassen. Danach durch ein Haarsieb geben, den Fond auskühlen lassen.

Das Brot

500 g Brot-Backmischung (Bauernbrot)	mit etwa 370 ml vom Pilz-Fond verkneten und in gefettete Backringe füllen. Nun bei 45 °C etwa 15 Minuten im Backofen gären lassen, danach bei 170 °C etwa 20 Minuten backen und auskühlen lassen. Dann die Deckel abschneiden und aushöhlen (Brotbrösel aufheben).

100 g Butter	in einer Pfanne zerlassen und zweimal aufkochen lassen. Nun die Pilze (erst die festen, dann die weichen: Pfifferlinge, Kräuterseitlinge, Austernpilze und Champignons) hinzugeben. Nun
150 ml Crème fraîche	und
100 ml Sahne	
1 EL Zitronensaft	sowie
Kräuter (gehackt)	untermengen.
50 g Butter	zerlassen.
2 Knoblauchzehen	fein hacken, in der Butter anschwitzen und die Brotbrösel darin anbraten.

Zum Anrichten: Brotlaibe mit Pilzragout füllen, mit Brotkrümel-Croûtons bestreuen und mit den Deckeln garnieren. Ergibt 4 bis 5 Brotnester.

Käsespezialitäten aus Sarzbüttel

Mit dem »Schlemmerkäse« fing sie an – die Erfolgsgeschichte der Spezialitätenmeierei Sarzbüttel. Die 1888 gegründete Dorfmolkerei ist die einzig verbliebene in Dithmarschen – von einst 51 nach dem Zweiten Weltkrieg. Bis zur Mitte des vorigen Jahrhunderts wurde die angelieferte Milch hauptsächlich zu »guter Butter« verarbeitet. Mit einem tief greifenden Strukturwandel in den 1960er Jahren setzte dann aber das Sterben der Dorfmeiereien ein. Um auch weiterhin bestehen zu können, wurde in der Meierei Sarzbüttel Mitte der 1970er Jahre mit der Umstrukturierung der Produktpalette begonnen. Und 1978 war es soweit – mit dem bereits erwähnten »Schlemmerkäse« wurde die erste Käsespezialität mit großem Erfolg auf den Markt gebracht. In den folgenden Jahren entwickelte der Käsemeister weitere Ideen und vergrößerte das Sortiment stetig. Die Produktpalette umfasst derzeit eine Vielzahl naturgereifter Käsespezialitäten – vorwiegend Schnittkäse aus der Tilsiter-Familie – in verschiedenen Fettgehaltsstufen und Reifegraden, mit und ohne Gewürz wie zum Beispiel Kümmel, Bärlauch und Paprika.

Die Lachmöve ist an der gesamten Nordseeküste anzutreffen.

Tatar von der Räucherforelle
mit Gurkenspaghetti, Dill-Senf-Mayonnaise
und Räucherlachs

Das Räucherforellen-Tatar

2 Räucherforellenfilets	in kleine Würfel schneiden.
1 TL Dill (fein geschnitten)	sowie
1 Schalotte (gewürfelt)	
½ gelbe Paprikaschote (gewürfelt)	dazugeben und gut vermengen. In einer separaten Schüssel
5 EL Crème fraîche	mit
3 – 4 EL Sahne	
1 Spritzer Zitronensaft	
Salz, Pfeffer (weiß)	gut verrühren und unter das Räucherforellen-Tatar heben, kalt stellen.

34

Die Gurkenspaghetti

¼ Salatgurke	über den Spiralhobel reiben und danach mit
4 EL Rapsöl	
2 EL weißer Balsamico-Essig	sowie
Salz, Pfeffer, Zucker	vermengen.

Salat mit Dill-Senf-Mayonnaise

50 g Feldsalat, 50 g Blattsalat	im stehenden Wasser waschen, abtropfen lassen.
4 EL Mayonnaise, 6 EL Sahne	mit

St. Remigius-Kirche zu Albersdorf

1 TL scharfer Senf

½ Bund Dill
(fein geschnitten) cremig verrühren und mit

Salz, Pfeffer abschmecken.

Das Anrichten Das Tatar auf der Mitte eines Tellers anrichten, die Gurkenspaghetti auf das Tatar legen. Den Salat um das Tatar drapieren und mit einem Teelöffel die Dill-Senf-Mayonnaise vorsichtig darauf verteilen. Zum Schluss mit

4 Scheiben Räucherlachs und

Balsamico-Creme dekorieren.

Dazu passen hausgebackene Brötchen (Rezept S. 193).

35

Der Brutkamp in Albersdorf, ein Steingrab aus der Jungsteinzeit, besitzt den größten Deckstein in Schleswig-Holstein. Laut Überlieferung sollen sich noch in christlicher Zeit Jungvermählte am Stein getroffen haben, um die nordische Göttin Freya um reichen Kindersegen zu bitten.

Skandal in Büsum

Man schrieb das Jahr 1908, als ein ungeheuerlicher Skandal die Bedächtigkeit des ruhigen Nordseebades erschütterte: Ein Werbeplakat der Badeverwaltung sorgte für erhebliche Unruhe und maßlose Empörung. Das Werbeplakat zeigte eine – für damalige Büsumer Moralvorstellungen – recht freizügige Darstellung einer Wattläuferin. Die auf dem Plakat abgebildete Dame schürzte das Badekostüm derart frivol, dass doch tatsächlich ein Knie zu sehen war – ein nacktes, vollkommen unbedecktes. Und dann der Blick. Nicht einmal verschämt schaut sie den Betrachter des Plakats an. Nein, der Blick wirkt geradezu auffordernd. Das war dann doch zu viel für das sittsame Nordseebad – ein Sturm der Entrüstung brach los.

Was in anderen Seebädern bereits zum Alltäglichen gehörte, hatte im sittenstrengen Büsum noch lange nichts zu suchen. Zu Beginn des 20. Jahrhunderts hatte das Nordseebad sich ein festes Image aufgebaut. Büsum stand für Einfachheit und Schlichtheit, wodurch das Nordseebad besonders für die kleinbürgerliche Klientel der Sommerfrischler attraktiv war. Eine solche Gästeschaft besaß – ebenso wie die Einheimischen – nun mal genaue Vorstellungen von Moral, Anstand und Sitte. Die Darstellung eines unbedeckten Knies ließ sich mit diesen Vorstellungen nicht in Einklang bringen.

Das unbedeckte Knie erhitzte 1908 die Gemüter.

Maritimer Wirsingpfannkuchen

4 Eier	mit
Salz, Pfeffer, Muskatnuss	
100 ml helles Bier	
100 ml dunkles Bier	
200 ml Milch	sowie
400 g Mehl	zu einem geschmeidigen Teig rühren.
140 g magerer, durchwachsener Speck (gewürfelt)	in einer Pfanne auslassen und in den Teig hineinrühren.
250 g Wirsingkohl	in feine Streifen schneiden, blanchieren und ebenfalls in den Teig rühren. Eine Pfanne erhitzen und
2 EL Öl	hineingeben, den Teig portionsweise mit einer Kelle in der Pfanne verteilen und goldgelb von beiden Seiten backen. Jeden Pfannkuchen mit etwas von
200 g Crème fraîche	bestreichen und darauf Stückchen von
100 g Schillerlocke	
100 g Krabben	
100 g Räucheraalfilet	sowie
100 g Stremellachs	anrichten. Mit
Kresse	garnieren.

37

Norddeutscher Zwiebelkuchen

Der Mürbeteig

300 g Mehl	mit
1 TL Backpulver	mischen und in eine Rührschüssel sieben.
½ TL Salz	sowie
1 Eigelb	
3 – 4 EL Wasser	
25 g geriebener Parmesan	
125 g weiche Butter	hinzufügen und mit dem Handrührgerät mit Knethaken zunächst kurz auf niedrigster, dann auf höchster Stufe gut durcharbeiten. Den Teig mindestens 30 Minuten kalt stellen. Den Teig in einer gefetteten Form ausrollen, mehrmals mit einer Gabel einstechen und dann bei 180 °C etwa 15 Minuten blind backen.

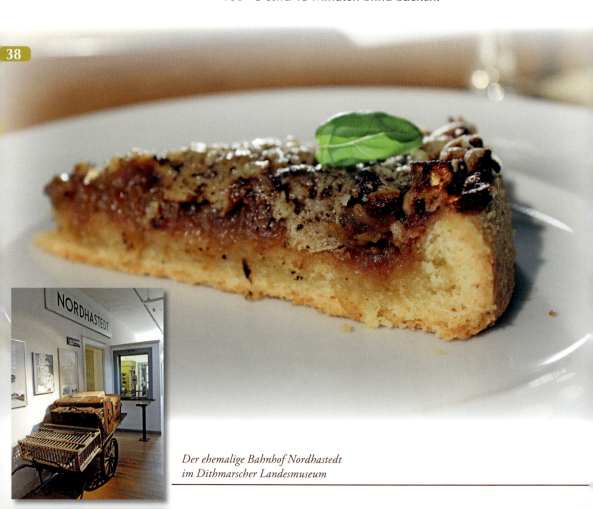

38

Der ehemalige Bahnhof Nordhastedt im Dithmarscher Landesmuseum

Die Füllung

14 mittlere Zwiebeln	abziehen und in sehr feine Würfel schneiden.
125 g Butter	in einer schweren Pfanne bei schwacher Hitze zerlassen, Zwiebeln hinzufügen, Deckel aufsetzen und 2 Stunden schmoren lassen. Zwischendurch umrühren. Nun für 30 Minuten die Temperatur erhöhen und
100 ml Weißweinessig	
2 EL brauner Zucker	
1 TL Dijonsenf	sowie
2 TL grobes Meersalz	hinzufügen. Nachdem der Essig verdampft ist, beginnt der Zucker zu karamellisieren. Dabei regelmäßig umrühren. Die Zwiebel-Mischung nun gleichmäßig auf dem Teig verteilen und mit
50 g Parmesan (frisch gerieben)	sowie
Pfeffer (schwarz)	bestreuen. Bei 170 °C Heißluft etwa 20 Minuten backen, danach 10 Minuten ruhen lassen.

Je feiner die Zwiebelwürfel sind, umso besser werden Konsistenz und Geschmack. Schmeckt warm und kalt.

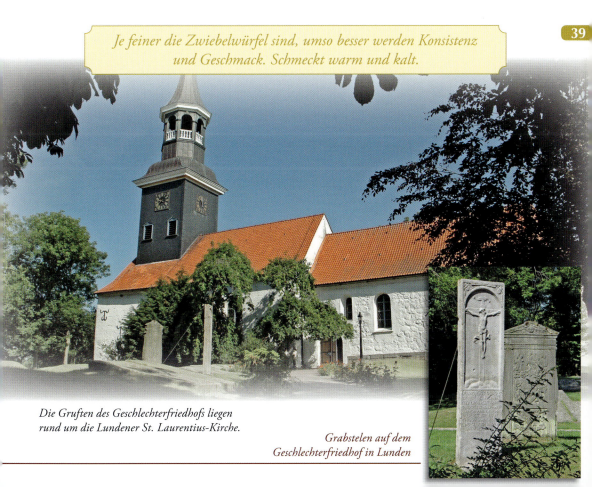

Die Gruften des Geschlechterfriedhofs liegen rund um die Lundener St. Laurentius-Kirche.

Grabstelen auf dem Geschlechterfriedhof in Lunden

Bunter Salat mit Hähnchenbrustfilet

Von einer großen Seefahrt nach Dithmarschen gebracht.

Die Hähnchenbrust

1 frische Chilischote	waschen, entkernen und fein schneiden, mit
400 ml Kokosmilch	
3 EL Wok-Sojasauce	
Salz, Pfeffer (bunt)	zu einer Marinade vermengen.
2 Hähnchenbrüste	darin marinieren und 1 Stunde kalt stellen.

Der Salat

1 Kopfsalat	sowie
je 50 g Feldsalat, Rucola	
je 1 Lollo Rosso, Lollo Bianco	
1 Chicorée	in stehendem Wasser vorsichtig waschen und in einem Sieb abtropfen lassen.
4 Radieschen	waschen und in feine Scheiben schneiden.
je 5 rote, gelbe Kirschtomaten	waschen und halbieren.
½ Salatgurke	waschen, evtl. schälen, halbieren und in Scheiben schneiden.

> *Nach Belieben mit Johannisbeeren garnieren.*

40

Der Kattenstieg ist der ehemalige Hafen von Burg am Nord-Ostsee-Kanal.

Das Waldmuseum in Burg

Das Dressing

2 Knoblauchzehen	fein hacken, mit
2 EL Zitronensaft	
1 EL Bio-Senf	sowie
1 EL Bio-Blütenhonig	in einer Schüssel gut mischen und mit
Salz, Pfeffer	würzen.
125 ml Sonnenblumenöl	tröpfchenweise mit einem Schneebesen unterschlagen und zum Schluss
125 g saure Sahne	unter das Dressing rühren. Die Salate auf einer Platte gefällig anrichten und mit Dressing beträufeln.

Die Vollendung

2 EL Öl	in einer Pfanne erhitzen, Hähnchenbrüste aus der Marinade nehmen, von beiden Seiten anbraten und dann die Hitze reduzieren. Nach etwa 5 Minuten aus der Pfanne nehmen und schräg in Tranchen schneiden, auf dem Salat anrichten. Mit
2 EL Pinienkerne	bestreuen.

41

Die Petri-Kirche in Burg wurde wahrscheinlich um 1150 erbaut. Der Legende nach soll sich im Jahre 1145 auf der nahe gelegenen Bökelnburg ein Rachemord zugetragen haben. Als Sühneleistung dafür wurde die Petri-Kirche erbaut.

Gurkensalat

1 Salatgurke	waschen und zum Beispiel streifig die Schale abschälen (ein Streifen grüne Schale lassen, ein Streifen Schale schälen) und mit dem Hobel in feine Scheiben schneiden. Danach kräftig mit
Salz	würzen und gut vermengen, etwa 10 Minuten stehen lassen. Das Wasser der Gurken abgießen, mit
5 EL Zitronen-Essig	
5 EL Sonnenblumenkernöl	
1 EL Zucker, wenig Pfeffer	sowie
1 Bund frischer Dill (fein gehackt)	vermengen und abschmecken.

42

Der Bau des Nord-Ostsee-Kanals

Am 3. Juni 1887 legte Kaiser Wilhelm I. in Kiel-Holtenau den Grundstein zum Bau des Nord-Ostsee-Kanals. In den folgenden acht Jahren arbeiteten bis zu knapp 9000 Menschen aus unterschiedlichen Nationen an diesem Projekt. Neben der reinen Menschenkraft wurde auch die damals modernste Technik eingesetzt: Eimerketten-bagger, schwimmende Eimerkettenbagger und Lorenbahnen zum Abtransport des Aushubs. Nach seiner Fertigstellung hatte der Kanal noch nicht die heutigen Aus-maße: Er war 68 Meter breit und neun Meter tief. Es waren Schiffe bis 135 Meter Länge, 20 Meter Breite und acht Meter Tiefgang zugelassen.

Die feierliche Eröffnung des Kanals durch Kaiser Wilhelm II. erfolgte vom 19. bis zum 22. Juni 1895. Dazu waren eine große Anzahl ausländischer Gäste und fast alle regierenden deutschen Fürsten eingeladen. Die pompösen Feierlichkeiten begannen am 19. Juni auf einer extra für diesen Zweck erbauten Insel auf der Binnenalster in Hamburg. Mit einem Schiffskorso ging es dann von Brunsbüttel nach Kiel. Voran die kaiserliche Yacht »Hohenzollern«, gefolgt von 22 Paradeschiffen, darunter 14 Einheiten anderer Seefahrtnationen. Ihren Höhepunkt erreichten die Feierlichkeiten an den Holtenauer Schleusen mit der Einweihung des Kanals. Kaiser Wilhelm II. taufte den Kanal – der während der Planungs- und Bauphase unter dem Namen Nord-Ostsee-Kanal lief – zu Ehren seinen Großvaters Kaiser Wilhelm I. auf den Namen »Kaiser-Wilhelm-Kanal«. Erst 1948 erhielt er wieder seinen ursprünglichen Namen zurück.

Das auffallendste Merkmal der Einweihungsfeier in Holtenau war der Nachbau der Kreuzerkorvette »Niobe«, der als Festhalle diente und den 1080 Gästen des Kaisers Platz bot. Mit einer Länge von 145 Metern und einer Masthöhe von 75 Metern wa-ren ihre Ausmaße gewaltig. Das große »Kaiserdiner« wurde für eine Pauschalsumme von 100 000 Mark vom Hoflieferanten aus Berlin geliefert, daraus ergaben sich pro Person Kosten von ungefähr 100 Mark – verglichen mit den Gehältern der Kanalbauarbeiter eine hohe Summe, nahezu ein Monatslohn.

Die Speisekarte zur Eröffnung des Nord-Ostsee-Kanals.
Die Speisefolge – nur mit anderen Weinen – wurde zum
100. Kanalgeburtstag nachgekocht.

Kartoffelsalat
mit Räucherlachs und Avocado

1 kg Kartoffeln (festkochend)	garen, pellen und in Scheiben schneiden.
1 Bund Frühlingszwiebeln	waschen, Wurzeln entfernen und mit einem Teil des Grüns in feine Ringe schneiden.
1 reife Avocado	schälen, der Länge nach halbieren und den Stein entfernen. Das Fruchtfleisch in Würfel schneiden. Alle Zutaten in einer Schüssel vermengen.
3 EL Weißweinessig	mit
1 TL Meerrettich	
4 EL Crème fraîche	sowie
Salz	verrühren.
4 – 6 EL Öl	langsam eingießen und verrühren. Die Marinade über den Salatzutaten verteilen. Mit
Pfeffer (schwarz, aus der Mühle)	würzen und vorsichtig vermischen.
1 Kästchen Kresse	schneiden und untermengen. Den Kartoffelsalat auf Tellern verteilen und mit
150 g Räucherlachs	garnieren.

44

Kite-Surfen in der Perlebucht von Büsum

Käsesalat

250 g kalter Braten	sowie
250 g Sarzbüttler Katenrauchkäse	
2 Essiggurken	würfeln.
1 rote Zwiebel	und
1 Knoblauchzehe	schälen, hacken.
1 säuerlicher Apfel	vierteln, schälen, vom Kerngehäuse befreien und in Würfel schneiden.
1 Bund Radieschen	in Scheiben schneiden.
1 Tomate	in kleine Stücke schneiden. Alle Zutaten miteinander mischen.

Das Dressing

200 g saure Sahne	mit
2 EL Salatmayonnaise	
je 1 EL Senf, Apfelessig	gut verrühren. Mit
Salz, Pfeffer (weiß), Zucker	abschmecken.
2 Bund Schnittlauch	in Röllchen schneiden und untermischen. Das Dressing über den Käsesalat geben und alles vorsichtig mischen.

45

Dazu Bauernbrot und Butter servieren.

Krautsalat mit Früchten

½ kleiner Rotkohl	sowie
½ kleiner Weißkohl	fein raspeln. Beides zusammen mit
175 g getrocknete Datteln (entsteint, gehackt)	in eine Salatschüssel geben und gut vermengen.
1 roter Apfel, 2 grüne Äpfel	entkernen, aber nicht schälen. In dünne Scheiben schneiden und in eine andere Schüssel geben.
4 EL Zitronensaft	zugeben und die Apfelscheiben darin wenden, damit sie sich nicht verfärben. Dann die Apfelscheiben in die Salatschüssel geben.

Das Dressing

5 EL Olivenöl	mit
2 EL Apfelessig	sowie
1 TL flüssiger Honig	in einer kleinen Schüssel kräftig verschlagen und mit
Salz, Pfeffer	abschmecken. Das Dressing über den Salat gießen und unterheben. Den Salat mit
25 g Pinienkerne (geröstet)	bestreuen, leicht vermengen und servieren.

Erst Öl in eine Schüssel geben, dann den Apfelessig unter ständigem Rühren zufügen, so verbindet sich beides.

Thies Möller bereitet für die Kohltage im September den Kohl vor.

Der Meldorfer Dom ist von weitem sichtbar.

Sauerkraut-Salat

200 g Bio-Sauerkraut	zerpflücken und bei Bedarf etwas klein schneiden.
50 g Erdnüsse	fein hacken.
200 g frische Ananas	in Würfel schneiden.
1 Apfel	schälen, entkernen und raspeln.
1 Karotte	schälen und raspeln.
Je ½ grüne, rote Paprikaschote	waschen, entkernen, in kleine Würfel schneiden.
1 Zwiebel	pellen und in feinste Würfel schneiden.
1 Bund Petersilie	waschen, trocken tupfen, fein hacken.
5 EL Rapsöl	mit
Salz, Pfeffer	verschlagen und mit allen Salatzutaten gut durchmengen.

Wir empfehlen Bio-Sauerkraut von Hubert Nickels (Kohlosseum in Wesselburen).

47

Die St. Johannis-Kirche in Meldorf wird im Volksmund auch Meldorfer Dom genannt. Sie gehört zu den bedeutendsten Kirchenbauten an der Westküste.

Tanja Möller bereitet ihren Kochkurs vor.

Der Nord-Ostsee-Kanal

Mancher Feriengast, der in Dithmarschen auf Entdeckungsreise geht, wird zunächst seinen Augen nicht trauen: Unerwartet gleitet ein haushoher Ozeanriese sanft durch das Grün der Wiesen und Weiden. Doch die Erklärung für die scheinbare Täuschung ist einfach: Er hat den Nord-Ostsee-Kanal entdeckt. Seit nun mehr als einem Jahrhundert durchschneidet der Kanal Schleswig-Holstein – von der Elbmündung bei Brunsbüttel bis zur Kieler Förde. Für die Einheimischen ist er Teil der Landschaft geworden. Doch auch nach 100 Jahren übt er immer noch eine ganz eigene Faszination aus, der sich keiner entziehen kann.

Der knapp 100 Kilometer lange Nord-Ostsee-Kanal (NOK) – in der internationalen Schifffahrt Kiel-Canal genannt – ist die meist befahrene künstliche Wasserstraße der Welt, der die Handelszentren der Ostsee mit den Häfen der großen weiten Welt verbindet. Zudem ist er eine der bedeutenden touristischen Attraktion des nördlichsten Bundeslandes. Wo sonst auf der Welt lassen sich Luxus-Liner und Frachter auf großer Fahrt aus solcher Nähe erleben? Wo sonst kann man mit dem Fahrrad neben ihnen her fahren?

Der Nord-Ostsee-Kanal erspart den Schiffen auf dem Weg von der Nordsee in die Ostsee den Umweg um Dänemark herum. Im Mittel bedeutet die Kanal-Passage

Das Molenfeuer in Brunsbüttel weist Schiffen auf der Elbe den Weg in den Nord-Ostsee-Kanal.

Der Nord-Ostsee-Kanal ist die meist befahrene künstliche Wasserstraße der Welt.

eine Wegverkürzung von 250 Seemeilen. Im Jahr 2010 befuhren 31 933 Schiffe den Kanal, das sind etwa 87 pro Tag. Sport- und sonstige Kleinfahrzeuge sind dabei nicht mitgezählt worden. Der NOK ist exakt 98,637 Kilometer lang, 162 Meter (teilweise nur 102,5 Meter) breit und 11 Meter tief. Die Sohle des Kanalbettes ist 90 Meter breit (teilweise 44 Meter).

Schiffe, die den Kanal befahren, dürfen einen maximalen Tiefgang von 9,5 Metern haben – allerdings ist ihre Länge dann auf 193 Meter beschränkt. Schiffe mit einem geringeren Tiefgang bis sieben Meter dürfen hingegen 235 Meter lang sein. Auch hinsichtlich der Schiffsbreite gibt es Beschränkungen. Die Maße sind nicht durch die Größe der Schleusen vorgegeben, vielmehr durch die Kurvenradien im Nordteil des Kanals. Die Kanalbrücken geben die Höhe der Schiffe vor: Aufgrund ihrer lichten Höhe von 42 Metern dürfen die Schiffe maximal 40 Meter hoch sein.

Derzeit führen zehn Hochbrücken mit einer lichten Höhe von 42 Metern über den Kanal. Entlang des Kanals sind 14 Fähren im Einsatz, um Autos, Fahrräder und Fußgänger zu befördern. Die Benutzung der Fähren ist kostenfrei.

49

Die Benutzung der Fähren über den Nord-Ostsee-Kanal ist kostenlos.

Das Kreuzfahrtschiff »Norwegian Dream« war das größte Schiff, das je durch den Nord-Ostsee-Kanal gefahren ist.

Feldsalat an Orangendressing

160 g Feldsalat	putzen und in stehendem Wasser waschen. Danach vorsichtig im Sieb abtropfen lassen.
3 saftige Orangen (davon 1 unbehandelt)	Die unbehandelte Orange heiß abwaschen und trocken reiben. Mit einem Sparschäler die Schale dünn abziehen und in feine Streifen schneiden. Alle Orangen auspressen. Die Orangenschalenstreifen in
1 EL Olivenöl (heiß)	andünsten, mit dem gepressten Orangensaft ablöschen und um die Hälfte einkochen lassen.
1 TL Speisestärke	mit etwas Wasser anrühren, in den eingekochten Saft einrühren, aufkochen.
5 EL Olivenöl	unterrühren. Mit
Salz, Pfeffer	und
Limettensaft	abschmecken.

Tomatensalat

4 Tomaten	einritzen und 3 Sekunden in kochendes Wasser geben, danach die Haut abziehen. Den grünen Strunk entfernen und die Tomaten so in Scheiben schneiden, dass dort, wo der Strunk entfernt wurde, ein rundes Loch in der Mitte entsteht.
1 Zwiebel	würfeln. Tomatenscheiben versetzt auf eine Platte legen, darüber die Zwiebelwürfel geben. Mit
Salz, Pfeffer, Zucker 5 EL Sonnenblumenkernöl	würzen, dann vorsichtig mit
3 EL Essig	beträufeln und mit
1 Bund Schnittlauch (in Röllchen)	garnieren.

Tomatenvielfalt aus Schülperweide

Warmer Speck-Kartoffelsalat

1 kg Kartoffeln (festkochend)	waschen, in Salzwasser aufsetzen und etwa 15 Minuten fast gar kochen, dann abgießen, trocken dämpfen, pellen und in Scheiben schneiden.
1 Zwiebel	schälen, fein würfeln.
120 g geräucherter, durchwachsener Speck	sowie
3 Gewürzgurken	ebenfalls fein würfeln. Für die Marinade
200 ml Gewürzgurkenfond	mit
200 ml Fleischbrühe	
3 EL Kräuteressig	
2 EL Öl	sowie
Pfeffer (weiß), 1 Prise Zucker	in einem Topf aufkochen. Die heiße Marinade in kleinen Portionen auf die Kartoffeln gießen. Vorsichtig umrühren. Geben Sie soviel Marinade nach und nach hinzu, bis die Kartoffeln sämig sind und keine Flüssigkeit mehr aufnehmen.
1 EL Öl	erhitzen und die Speckwürfel kurz anbraten. Nach 3 Minuten die Zwiebelwürfel hinzugeben und glasig anschwitzen. Speck und Zwiebeln zu den Kartoffeln und Gurken geben und vorsichtig umrühren. Über Wasserdampf warm stellen.
Je 1 EL Schnittlauch, Petersilie	über den Salat streuen.

51

Den Salat kurz vor dem Anrichten mit zwei verrührten Eigelben veredeln.

Warmer Speck-Kartoffelsalat

Buttermilchsuppe mit Klüten

1 l Buttermilch	aufkochen.
1 Pck. Vanillepudding	mit
3 EL Milch	verrühren und damit die kochende Buttermilch binden.
250 g gequetschte, heiße Kartoffeln	mit
1 Prise Salz	und etwas
Mehl	zum Kloß verrühren. Mit einem Esslöffel kleine Klöße in die kochende Suppe setzen und ziehen lassen.
2 Eier	mit
Zucker	schaumig schlagen, unterziehen. Wichtig: die Suppe darf nicht mehr kochen, sonst gerinnt sie!

52

*Kirche zum Heiligen Kreuz
in Windbergen*

*Der Gerichtssaal des Regenten Markus Swin gehört zu den herausragenden
Exponaten im Dithmarscher Landesmuseum in Meldorf.*

Bärlauchsuppe mit Räucherlachsstreifen

1 Bund frischer Bärlauch	waschen, in Streifen schneiden.
1 Zwiebel	würfeln und in einem Topf mit
1 EL Butter	glasig dünsten.
200 g Kartoffeln	schälen, waschen und würfeln. Zwei Drittel des Bärlauchs zufügen, mit
600 ml Gemüsebrühe	und
100 ml Sahne	auffüllen. Mit
Salz, Pfeffer, Muskatnuss	würzen und etwa 5 Minuten köcheln lassen.
100 ml Sahne	halbsteif schlagen, zur Seite stellen. Die Suppe pürieren.
150 g Crème fraîche	einrühren, nochmals aufkochen.
200 g Räucherlachs	in Streifen schneiden und in tiefe Teller geben, mit der Suppe vorsichtig übergießen. Mit geschlagener Sahne, dem übrigen Bärlauch bestreut und mit
4 Kapuzinerblüten	dekoriert servieren.

53

Reichen Sie dazu frisches Baguettebrot.

Koniks im Naturschutzgebiet
Kronenloch

Der Dithmarscher Reiter,
das Wappen des Kreises im Amtsgericht Meldorf

Büsumer Krabbensuppe mit Einlage

3 EL Öl	im Topf erhitzen und
150 g Krabbenschalen oder Salzwasserfischreste	darin anschwitzen. Nach etwa 2 Minuten
1 kleine Zwiebel (gehackt)	
40 g Lauch	
30 g Karotten	hinzufügen. Die Stängel von
1 Bund Dill	sowie
2 Wacholderbeeren	
1 Lorbeerblatt	
1 Prise Salz	hinzugeben und umrühren. Nach weiteren 3 Minuten mit
100 ml trockener Weißwein	ablöschen und mit
1 l Wasser oder Brühe	auffüllen. 15 Minuten ziehen lassen. Diesen Fond durch ein Haarsieb oder Tuch passieren, danach erhitzen.
130 g Krebspaste	hinein bröckeln und aufkochen lassen, bis Farbe, Geschmack und Konsistenz stimmen. Die Suppe mit
2 cl Cognac	veredeln.
120 g Krabbenfleisch	in 4 Suppenschalen verteilen und mit Suppe auffüllen. Mit ein paar
Dillfäden	und
125 ml Sahne (geschlagen)	garnieren.

Krabben niemals mitkochen oder in der Pfanne erhitzen, denn sie werden trocken und zäh, auch der natürliche Eigengeschmack geht dann verloren.

Büsumer Krabbensuppe mit Einlage

Krabbenfangen im Priel

»Wir stechen jetzt in See – aber zu Fuß«, sagt Nationalpark-Wattführer Dierk Reimers zu den zahlreichen Feriengästen – unter ihnen viele Familien mit Kindern – die sich am Kiosk der Badestelle Wesselburener Koog eingefunden haben. Sie sind gekommen, um eine alte Fischerei-Methode kennenzulernen, die seit Jahrhunderten an der Westküste Schleswig-Holsteins ausgeübt wird: Das Krabbenfischen in einem Priel mit einem Schiebe-Hamen.

Der Schiebe-Hamen (Plattdeutsch: Kraut- oder Schuv-Nett; im Nordfriesischen: Gliep) ist ein über einen Holzrahmen gespanntes Netz mit einem Stiel. Teils bis zu den Hüften im Wasser stehend, wird das Netz von den Fischern über den Grund des Priels geschoben. Dabei werden die Krabben aufgescheucht und geraten so in das Netz. Bis zum Ende des 19. Jahrhunderts war dies die einzige gängige Praxis, nach Krabben zu fischen. Erst dann wurde begonnen, Krabben im größeren Stil mit einem Kutter auf See zu fangen. Die Wattfischerei mit dem Schiebe-Hamen diente damals in der Regel dem Eigenbedarf und der täglichen Nahrungssicherung. Die Krabben waren eine willkommene, proteinreiche Ergänzung des ansonsten oft recht eintönigen Speiseplans. Was übrig blieb, wurde in den umliegenden Dörfern verkauft, um sich ein kleines Zubrot zu verdienen.

Noch bis zum Anfang des 20. Jahrhunderts wurden Krabben mit einer Gliep (einem an einem Stiel befestigten Netz) in den Prielen gefangen.

Nordseebad Büsum.   Granatfischer

Dierk Reimers und seine Helfer üben diese Tradition des Wattfischens bis heute aus. Nicht aus einer Notwendigkeit heraus und auch nicht um damit Geld zu verdienen. Sie machen es, weil es ihnen einfach Spaß macht und um die Tradition dieser alten Fischerei-Methode zu bewahren. Eine knappe Stunde fischen die Männer im Priel. Derweil haben die Gäste Gelegenheit, die Zeit für andere Aktivitäten zu nutzen: Baden im Priel, Muscheln sammeln oder selbst mit eigenen Keschern im Priel auf Fischzug gehen. Spannend wird es, wenn die Männer den Fang an Land bringen. Zahlreiche Augen wollen sehen, was alles ins Netz gegangen ist. Auf starkes Interesse stößt dabei all das Getier, das sonst unter der Wasseroberfläche verborgen bleibt – wie die zahlreichen Krebse, die dann auch in die Hand genommen werden dürfen.

Während seine Helfer einen weiteren Fischzug im Priel unternehmen, trägt Dierk Reimers die erste Fuhre in seiner »Kraut-Kiep« auf dem Rücken an Land. Dort warten weitere Helfer, die bereits Salzwasser in zwei großen Töpfen zum Kochen gebracht haben. Nun kommen die frisch gefangenen Krabben vom Priel direkt in den Kochtopf – frischer geht es wirklich nicht. Dann müssen die Teilnehmer der Veranstaltung selbst aktiv werden. Jeder bekommt eine Portion frisch gekochter Krabben vorgesetzt, der Tourismusverein Wesselburen und Umland spendet dazu das Brot. »Einfach lecker«, ist die einhellige Meinung der Teilnehmer.

*Auszeichnungen für »Schönes Dorf«
am Ortseingang von Nordhastedt*

*Das Krabbenfischen mit der Gliep
wurde wieder neu belebt.*

Hochzeitssuppe (für 10 bis 12 Personen)

Diese Suppe wird auch Frische Suppe genannt.

1,5 kg Rindfleisch	in
3 l Wasser	kalt aufsetzen.
1 Bund Suppengrün	putzen, klein schneiden, zum Fleisch geben, aufkochen, 1,5 Stunden köcheln lassen, bis das Fleisch gar ist.
½ Knolle Sellerie	sowie
2 Stangen Lauch	
6 Karotten	
2 Petersilienwurzeln	waschen, putzen und in gleich große Stücke schneiden. Das Gemüse in den Topf geben und etwa 15 Minuten garen. Mit
Salz	abschmecken. Einen Teil des Rindfleisches fein würfeln und in die Suppe geben.

57

Dazu passen Fleischklöße und Eierstich.

Büsum von der Seeseite mit Hauptstrand, Erlebnis-Bad, Kirche und Leuchtturm

Thies Möller schneidet frische Kräuter aus seinem Garten.

Lachscremesuppe

375 g Lachsabfälle	kalt abspülen.
1 Zwiebel	schälen, vierteln und mit den Lachsabfällen sowie
1 Lorbeerblatt	
1 Prise Salz	
500 ml Wasser	und einige
Pfefferkörner (weiß)	etwa 30 Minuten köcheln lassen. Den Sud durch ein Sieb in einen Topf gießen.
500 g frischer Lachs	waschen, in den Fischsud legen und bei schwacher Hitze zugedeckt 12 bis 15 Minuten ziehen lassen. Den Fisch von Haut und Gräten befreien und in Stücke zerpflücken. Etwa 375 ml vom Fischsud abmessen und durch ein Sieb gießen.
2 EL Butter	in einem Topf erhitzen.
2 EL Mehl	unter Rühren darin anbraten und mit dem Fischsud nach und nach ablöschen.
125 ml Sahne	sowie
125 ml Crème fraîche	hinzufügen. Mit
1 Msp. Pfeffer (frisch gemahlen)	
1 Msp. Safranpulver	und ein paar Spritzer
Zitronensaft	abschmecken. Die Suppe einmal aufkochen lassen, dann vom Herd nehmen. Den Lachs in Streifen schneiden. Die Suppe in vorgewärmte Tassen füllen, mit
100 g Räucherlachs (in Streifen)	sowie einige Zweige
Kerbel	garnieren.

58

Lachscremesuppe

Samtsuppe von frischen Erbsen mit Katenrauchschinken

1 Knoblauchzehe	pellen und durch eine Presse drücken.
3 Scheiben Toast	entrinden, in 1 cm große Würfel schneiden.
2 EL Butter	in einer Pfanne erhitzen, Toastwürfel und Knoblauch goldbraun anbraten, leicht mit
Salz	würzen.
75 g Zwiebeln	pellen, halbieren und in Würfel schneiden.
30 g Butterschmalz	in einem großen Topf erhitzen und die Zwiebeln darin glasig dünsten.
750 g Erbsen (TK oder frisch)	sowie
750 ml Brühe	
150 ml Sahne	hinzufügen und etwa 5 Minuten kochen lassen, pürieren und mit
Salz, Pfeffer (weiß), Muskatnuss	abschmecken.
1 Kästchen Kresse	am mittleren Stängelansatz mit der Schere abschneiden. Die Suppe in die vorgewärmten Teller füllen, mit
4 EL Crème fraîche	
60 g Katenrauchschinken	und der Kresse sowie den Croûtons garnieren.

59

Erbsensuppe kurz vor dem Pürieren

Muschelsuppe »Royal« mit Pernodsahne

500 g Muscheln	gründlich waschen und mit 1 Tasse Wasser in einem geschlossenen Topf bei starker Hitze 3 bis 5 Minuten kochen lassen, bis sich die Schalen geöffnet haben. Dabei den Topf mehrmals rütteln. Nicht geöffnete Muscheln wegwerfen. Den Muschelsud durch ein Haarsieb gießen, dabei die Flüssigkeit auffangen.
500 g Kartoffeln	schälen, klein würfeln und in wenig Wasser etwa 10 Minuten garen.
1 große Zwiebel	fein würfeln.
50 g durchwachsener Speck	in Streifen schneiden. Beides in
2 EL Butter	anbraten.
1 EL Mehl	dazugeben, unter Rühren hellgelb braten, nach und nach mit
375 ml heiße Milch	sowie der Muschelflüssigkeit und
250 ml heißes Wasser	aufgießen. Die Suppe 5 Minuten kochen lassen. Die Kartoffeln abgießen, die Hälfte pürieren und mit den Kartoffelwürfeln und den Muscheln in die Suppe rühren. Die Muschelsuppe kurz erhitzen.
125 ml Sahne	sowie
1 EL frische Petersilie (gehackt)	hinzufügen, mit
je 1 Msp. Salz, Pfeffer (schwarz)	abschmecken.
80 ml Sahne	steif schlagen. Dann
Schnittlauch, Dill (gehackt)	sowie
3 Spritzer (dash) Pernod	darunter heben. Die Suppe auf Teller füllen, mit Pernodsahne und
1 Kästchen Kresse	garnieren.

60

Festlich gedeckter Tisch im Restaurant »Bi Thies und Tanja to Huus« anlässlich einer Konfirmation

Große Pötte und Traumschiffe auf großer Fahrt

Der knapp 100 Kilometer lange Nord-Ostsee-Kanal ist die meist befahrene künstliche Wasserstraße der Welt. Er verbindet die Handelszentren der Ostsee mit den Häfen der großen weiten Welt. Mit dem Bau und der 1895 erfolgten Inbetriebnahme machte er Dithmarschen zu einer Insel. Aber er machte Dithmarschen auch um eine Attraktion reicher.

Mit dem Bau des Nord-Ostsee-Kanals wurden Straßen- und Eisenbahn-Verbindungen zerschnitten, Brücken und Fähren mussten als Ersatz geschaffen werden. Allein in Dithmarschen queren sieben Fähren den Kanal. Zu den interessanten Brücken-Konstruktionen gehört die 1920 eingeweihte Eisenbahn-Hochbrücke von Hochdonn. Weithin sichtbar, prägt die 2218 Meter lange Stahlkonstruktion seitdem das Bild der Landschaft. Die alte Eisenbahn- und Straßen-Hochbrücke von Grünental gibt es hingegen nicht mehr. Sie wurde 1988 abgebrochen und zwei Jahre vorher durch eine neue ersetzt. Von der alten Brücke blieben die Rampen erhalten, die heute beliebte Aussichts-Plattformen sind. Da der Kanal hier in einem tiefen Einschnitt durch die Geest verläuft, bietet sich ein weiter Blick auf den Kanal und die passierenden Schiffe. Zu den faszinierendsten Erlebnissen zählt es, den Schiffen in Brunsbüttel beim Schleusen zuzusehen.

Es ist ein sehr infektiöser Virus – wer von ihm befallen ist, der wird ihn nicht so schnell wieder los: das Traumschiff-Fieber. Von April bis September passieren Luxusliner aus unterschiedlichen Ländern den Kanal. Pro Jahr sind etwa 120 Passagen zu verzeichnen. Von den Aussichtsplattformen auf beiden Seiten der Grünentaler Hochbrücke lassen sich die Schiffe lange Zeit hinweg beobachten. Von der Brücke aus kann man direkt auf die Decks der Schiffe hinabsehen und die Brücken und Aufbauten betrachten – zum Teil nur wenige Meter unter sich. Die Termine der Traumschiff-Passagen stehen erst Ende März/Anfang April fest. Sie sind bei den jeweiligen Tourist-Informationen vor Ort beziehungsweise bei der Touristischen Arbeitsgemeinschaft NOK zu erfragen.

Die Kreuzfahrtschiffe sind die unbestrittenen Stars auf dem Nord-Ostsee-Kanal.

Holsteiner Schinkensuppe

250 g Backobst	am Abend vorher in Wasser einweichen, am nächsten Tag abtropfen lassen.
2 Bund Suppengrün	sowie
6 Karotten	
1 Steckrübe	putzen und klein würfeln.
500 g Katenschinken	sowie
500 g durchwachsener Speck	in einen großen Topf geben und etwa
2,5 l kaltes Wasser	dazugießen. Das Fleisch soll bedeckt sein. Aufkochen, dann köcheln lassen, ab und zu abschäumen. Nach 1,5 Stunden das Gemüse in die Brühe geben, 30 Minuten mitgaren lassen. Am Ende der Garzeit
300 g grüne Erbsen	dazugeben und vorsichtig unterrühren. Schinken und Speck herausnehmen und in Würfel schneiden. Die Suppe entfetten, dann Fleischwürfel, abgetropftes Backobst sowie
1 kg Kartoffeln (gewürfelt)	hineingeben. Etwa 8 Minuten köcheln lassen und mit
Salz, Pfeffer, Muskatnuss	
Zucker, Essig	abschmecken.

62

Dazu serviert man traditionell Schwemmklößchen (Rezept S. 139).

Thies Möller schneidet blanchierten Lauch als Band, um Spargel zu bündeln.

Steckrübensüppchen mit glacierten Lauchzwiebeln und Räucherlachs

300 g Steckrüben	sowie
200 g Kartoffeln	
300 g Karotten	schälen und in Würfel schneiden.
1 Zwiebel	pellen und fein würfeln.
20 g Butterschmalz	in einem großen Topf erhitzen und die Zwiebelwürfel darin glasig dünsten. Das Gemüse hinzufügen und anschwitzen.
2 l Gemüsebrühe	sowie
150 ml Sahne	hinzufügen, aufkochen lassen und pürieren. Mit
Salz, Pfeffer, Muskatnuss	abschmecken, warm halten.
1 Bund Lauchzwiebeln	waschen und in 2 cm große Stücke schneiden. Eine Pfanne mit
10 g Butter	erhitzen, die Lauchzwiebeln darin anschwitzen, mit
1 EL Zucker	
Salz, Pfeffer (weiß, aus der Mühle)	abschmecken.
1 Bund Petersilie, Schnittlauch	waschen und hacken. Die Suppe in tiefe vorgewärmte Teller füllen, mit
4 Scheiben Räucherlachs	
4 EL Crème fraîche	sowie den Kräutern und Lauchzwiebeln garnieren.

63

Bauernfrühstück (für 1 Portion)

300 g Kartoffeln (festkochend)	waschen, in Wasser mit
1 Msp. Kümmel	und etwas
Salz	fast gar kochen. Das Wasser abgießen und die Kartoffeln trocken dämpfen, abkühlen lassen, pellen und in gleich große Scheiben schneiden.
Schmalz oder Öl	in der Pfanne erhitzen und die Kartoffeln darin anbraten. Danach mit
Salz	würzen. Gleichzeitig in einer anderen Pfanne
30 g durchwachsener Speck (gewürfelt)	auslassen und dann
1 kleine Zwiebel (gewürfelt)	dazugeben, anbraten. Wenn die Kartoffeln goldbraun gebraten sind, den Speck und die Zwiebelwürfel hinzufügen.
3 Eier	verquirlen und mit
Salz, Pfeffer (weiß)	würzen.
Öl	in einer Pfanne erhitzen und die Eier hineingeben. Wenn das Rührei zu stocken beginnt, und auf der Oberfläche noch ein leichter Spiegel zu erkennen ist, dann gibt man auf eine Hälfte des Rühreis die Bratkartoffeln und schlägt die andere Rührei-Seite darüber. Danach auf den Teller stürzen. Mit
1 Scheibe Katenschinken	und
1 Gewürzgurke	garnieren.

64

Für das Stürzen nehmen Sie den Teller, auf dem das Bauernfrühstück angerichtet werden soll, in eine Hand und die Pfanne mit Untergriff in die andere. Nun stellen Sie die Pfanne und den Teller voreinander hoch und stürzen das Bauernfrühstück von der Pfanne auf den Teller.

Bauernfrühstück

Groter Heini – Birnen, Bohnen und Speck

Ein bis in unsere Tage sehr beliebtes Sommergericht, das am liebsten gegessen wird, wenn der Schinken noch nicht ganz zu Ende, die Bohnen gerade reif und die Birnen noch eben fest genug sind, ist »Groter Heini« (Großer Hans) – auch Birnen, Bohnen und Speck genannt. Ein saftiges, aromatisches und deftiges Gericht, das den bäuerlichen Charakter der friesischen Küche unterstreicht. Früher soll es schon Tage zuvor mit den Worten angekündigt worden sein: »Un denn gifft das groten Heini«.

500 g durchwachsener, geräucherter Speck	in
500 ml Wasser	legen und 30 Minuten kochen lassen.
500 g Kochbirnen	von der Blüte befreien, dazugeben.
750 g Brechbohnen	putzen, in den Topf geben und weitere 20 Minuten garen. Jetzt den Speck, die Birnen und Bohnen aus der Flüssigkeit herausnehmen und eventuell etwas Flüssigkeit abnehmen. Aus
30 g Mehl, 30 g Butter	eine Mehlbutter herstellen und damit die Flüssigkeit binden. Mit
Salz, Pfeffer	und
Bohnenkraut	abschmecken. Zum Schluss den Speck in Scheiben schneiden. Die Brühe mit den Birnen und den Bohnen mit
Petersilie (gehackt)	garnieren.

65

Dazu Dampfkartoffeln reichen.

Groter Heini – Birnen, Bohnen und Speck

Kohlpudding

750 g Wirsing oder Weißkohl	in Streifen schneiden und 3 Minuten in kochendem Salzwasser blanchieren (Kohlfond für die Sauce aufheben), abgießen und trocken tupfen.
1,5 Brötchen vom Vortag	klein schneiden und in
100 ml Milch	einweichen. Das ausgedrückte Brötchen mit der Milch sowie
500 g Hackfleisch (gemischt)	
1 TL Senf, 1 Ei	und
Salz, Pfeffer (frisch gemahlen)	zu einer homogenen Masse vermengen.
1 Zwiebel	abziehen, vierteln und in Scheiben schneiden – zur Seite stellen. Eine Kohlpuddingform (Wasserbadform) mit etwas
Butter	ausfetten und danach mit
2 – 3 EL Semmelbrösel	ausstreuen. Schichtweise füllen: mit Kohl beginnen, dann die Hackmasse fest andrücken und als dritte Schicht einige Zwiebelscheiben darüber geben. So lange wiederholen, bis die Form voll ist. Den gebutterten Deckel aufsetzen und bei 170 °C etwa 1 Stunde im Wasserbad im Backofen garen (Ein Drittel der Puddingform muss im Wasser stehen). Währenddessen
1 kg Kartoffeln (festkochend)	schälen, halbieren und gleichmäßig tournieren (in Form schneiden). In Salzwasser etwa 15 bis 20 Minuten garen. In der Zwischenzeit
Tomaten-Specksauce (Rezept S. 158)	zubereiten.

Den fertigen Kohlpudding dann auf einen Teller stürzen, die Tomaten-Specksauce dekorativ um den Pudding angießen und die Salzkartoffeln extra dazu reichen.

Kohlpudding

Kohl aus Dithmarschen

Dithmarschen ist das größte zusammenhängende Kohlanbaugebiet Europas. Auf mehr als 2800 Hektar werden im gesunden Nordseeküstenklima rund 80 Millionen Kohlköpfe angebaut, einen für jeden Einwohner der Bundesrepublik Deutschland. Vorwiegend wird Weißkohl angebaut, gefolgt von Rotkohl und Wirsing. Die Marschen in Dithmarschen bieten für den Kohlanbau günstige Boden- und Klimaverhältnisse: Zum einen sind die Böden fruchtbar, zum anderen haben es Schädlinge aufgrund des beständig wehenden Seewindes schwerer, die Kohlpflanzen zu befallen.

Der gewerbliche Kohlanbau blickt in Dithmarschen auf eine mehr als 100-jährige Tradition zurück. Bis Ende des 19. Jahrhunderts wurde Kohl fast ausschließlich für den Eigenbedarf angebaut. Den Anfang mit dem gewerblichen Kohlanbau machte der Wesselburener Gärtner Eduard Laß im Jahre 1889. Er experimentierte mit dem Anbau verschiedener Gemüsearten, wobei sich Kohl als am besten geeignet erwies. Andere Landwirte folgten seinem Beispiel und innerhalb der nächsten Jahre stieg die Produktion schlagartig. So vergrößerte sich die Anbaufläche um die Stadt Wesselburen von 1893 bis 1902 von drei auf 283 Hektar. 1894 wurden 863 Tonnen Kohl an Dithmarscher Bahnhöfen verladen, 1913 waren es bereits 97 000 Tonnen.

Lange Zeit galt Kohl als Armeleute-Essen. Doch die Zeiten sind vorbei. Aus dem »Allerwelts-Gemüse« wurde eine gefragte kulinarische Spezialität. Doch Kohl schmeckt nicht nur, Kohl ist auch sehr gesund. Neben zahlreichen wichtigen Mineralstoffen enthält er ebenso viel Vitamin C wie Zitrusfrüchte.

Im Kohlosseum mit Krautwerkstatt, Wesselburen:
»Was Sie hier riechen, dass ist die Frische Dithmarschens«, erklärt Krautmeister Hubert Nickels, als er den Besuchern der Krautwerkstatt Wesselburen eine Schüssel fein geschnittenen Weißkohls entgegenhält. Der bildet die Basis für milchsaures Sauerkraut, dessen Herstellung Hubert Nickels den aufmerksam lauschenden Zuhörern erklärt und praktisch vorführt. Dabei achtet Nickels auf die hohe Qualität der verwendeten Zutaten. Der Weißkohl stammt aus ökologischem Anbau, das Solesalz aus einer Tiefe von 450 Metern. Nebenbei erfährt der Besucher viel Wissenswertes über Kohl und Sauerkraut. Zum Beispiel, dass rohes Sauerkraut am gesündesten ist, da es noch alle wertvollen Bestandteile enthält. Daher kreierte der Krautmeister diverse Salat-Rezepte, von deren Schmackhaftigkeit sich der Besucher bei der anschließenden Verkostung selbst überzeugen kann.

In der Krautwerkstatt des Kohlosseums in Wesselburen zeigt Krautmeister Hubert Nickels, wie aus Weißkohl gesundes Sauerkraut wird.

Hühnerfrikassee

1 frisches Suppenhuhn (ca. 1,5 kg)	kurz in kochendem Wasser blanchieren. Danach das Huhn mit kaltem Wasser abspülen und erneut in einem Topf mit
2 l Salzwasser	kalt aufsetzen – das Huhn muss bedeckt sein.
1 Bund Suppengrün	sowie
1 Zwiebel	putzen und mit
1 Lorbeerblatt	
3 Pfefferkörner (schwarz)	zum Kochen bringen. Zugedeckt bei mittlerer Hitze 1,5 Stunden köcheln. Anschließend das Huhn herausheben, abtropfen und auskühlen lassen. Die Brühe durch ein Sieb in einen anderen Topf gießen.
500 g Spargel	schälen und das untere Ende abbrechen.
250 g Champignons	halbieren oder vierteln. Die Champignons mit sehr wenig Wasser (so dass der Topfboden 3 cm bedeckt ist) sowie mit
1 EL Butter	
1 Zitronenscheibe	aufkochen lassen und von der Herdplatte nehmen. Den Fond der Champignons aufbewahren. Den geschälten Spargel in leichtem Zucker-Salzwasser mit etwas
Zitronensaft, Butter	gar kochen. Den Fond wieder aufbewahren.
3 EL Butter	in einem Topf schmelzen und mit
2 EL Mehl	verrühren, dann mit Champignon- und Spargelfond angießen, gut verrühren und danach die Geflügelbrühe dazugeben. Die Konsistenz der Sauce cremig halten.
100 ml Sahne	mit
1 Eigelb	verrühren und mit etwas
Salz, Pfeffer	sowie
Zitronensaft	unter die Sauce geben. Die Sauce darf nicht mehr kochen. Das Huhn ausbrechen, enthäuten und in Scheiben schneiden. Den Spargel in 2 bis 3 cm große Stücke schneiden und die Sauce auf das Hühnerfleisch, Champignons und den Spargel geben.

68

Beilage: Reis oder Petersilienkartoffeln

Hühnerfrikassee

Krabben-Burger mit Gurken-Dip

50 g Zwiebelwürfel	in
5 g Butterschmalz	anschwitzen, etwas erkalten lassen und mit
2 Eier, 450 ml Milch	
300 g Krabbenfleisch	
250 g Paniermehl (ungewürzt)	
8 g Dill (fein gehackt)	sowie
10 g Salz, 1 g Pfeffer	gut vermengen. Daraus 12 Krabbenfrikadellen (à 100 g) formen und in
20 g Butterschmalz	vorsichtig ausbacken.

Der Gurken-Dip

½ Salatgurke	schälen, entkernen und fein raspeln.
500 ml Sahne-Vollmilch-Joghurt	sowie
1 Knoblauchzehe (zerdrückt)	
½ TL Zitronensaft	hinzufügen und gut verrühren, nochmals mit
Salz, Pfeffer, Zucker	abschmecken.

Die fertig gebackenen Brötchen (Rezept S. 193) aufschneiden, das untere Brötchenteil mit dem Gurken-Dip bestreichen, nach Belieben mit Salatblatt, Gurken- und Tomatenscheiben belegen, darauf dann die Krabbenfrikadelle legen und mit dem oberen Brötchendeckel schließen.

Ein gut ausgewiesenes Radwegenetz macht Dithmarschen zu einer idealen Gegend für Radfahrer.

Traditionelles Grünkohlgericht

1,5 kg frischer Grünkohl	Blätter waschen und kurz in kochendem Wasser blanchieren, im Eiswasser abkühlen und danach fein hacken.
1 Schweinebacke	etwa 1,5 Stunden im Wasser köcheln lassen, während der letzten 20 Minuten
4 Kochwürste	dazugeben.
750 g Drillinge (kleine Kartoffeln)	im Salzwasser fast gar kochen, trocken dämpfen und pellen.
2 Zwiebeln	schälen und würfeln.
30 g Schweineschmalz	in einem Topf erhitzen, Zwiebeln darin andünsten, den Grünkohl und den Schweinebacken-Fond zugeben, köcheln lassen.
2 Kartoffeln (gekocht, vom Vortag)	pürieren und als Bindung zugeben. Mit
2 EL mittelscharfer Senf	sowie
Salz, Pfeffer	
1 Prise Zucker	abschmecken.
40 g Butterschmalz	in einer großen Pfanne erhitzen, alle Kartoffeln darin rundherum braun braten. Die Hälfte der Kartoffeln mit
Salz	würzen, die anderen in einer neuen Pfanne mit
Zucker	bestreuen und warten, bis der Zucker geschmolzen (karamellisiert) ist.
750 g Kasseler	in Scheiben schneiden und mit etwas
Öl	in der Pfanne von beiden Seiten braten. Die Schweinebacke in Scheiben schneiden.

Grünkohl mit Kochwürsten, Schweinebacke, Kasseler und Röstkartoffeln, süßen Kartoffeln und etwas Senf im Extra-Schälchen anrichten.

Jürgen Gosch und Thies Möller kochen zusammen Grünkohl: Biikebrennen auf Sylt.

Labskaus

600 g Kartoffeln	schälen und gar kochen, abgießen und trocken dämpfen.
1 große Zwiebel	schälen, halbieren und 5 Minuten gar kochen. Zuerst
1 Matjesfilet	durch den Wolf drehen.
100 g Rote Bete (aus dem Glas)	abgießen, Fond aufbewahren, mit
1 Gewürzgurke	und den Zwiebelhälften durch den Wolf drehen. Nun
500 g Corned Beef (oder gekochtes Pökelfleisch)	und die Kartoffeln wolfen. Die Labskausmasse im Topf mit etwas Fond der Roten Bete und der Gurken erhitzen. Mit
Salz, Pfeffer (schwarz, aus der Mühle)	abschmecken.

Angerichtet wird das klassisch norddeutsche Labskaus mit einem Spiegelei. Man kann die Rote Bete auch extra servieren, ohne sie im Labskaus zu verarbeiten.

71

Von Hahnbeer bis Rolandreiten – traditionelle Feste

In Dithmarschen wird auch viel gefeiert. Unter der Vielzahl von Festen gibt es neben Festivitäten neueren Datums auch historische, die zum Teil einige 100 Jahre alt sind. Bei zweien dieser traditionellen Feste, dem Heider Hahnbeer und dem Frunsbeer in Nordhastedt – hat sich noch das alte plattdeutsche Wort »Beer« erhalten. Meist wird es fälschlicherweise mir »Bier« übersetzt, doch die richtige hochdeutsche Entsprechung ist »Fest«.

Hahnbeer

»WülltwidüttJohrwedderHahnbeerfiern?« Diese Frage wird Anfang Januar von den Föhrern der drei Heider Eggen gestellt. Und stets ist ein eindeutiges, kräftiges und klares »Jo« der Eggenbrüder die Antwort. Damit steht fest, dass der Februar wieder der Hahnbeer-Monat ist. An drei Wochenenden feiern die drei Heider Eggen (die einst selbstständigen Teilgemeinden der Stadt) das Hahnbeer (Hahnenfest), das in seinen Ursprüngen auf eine sehr alte Tradition zurückgeht. Der Name beruht auf dem früher zentralen Teil des Festgeschehens: Ein lebendiger Hahn (ein Symbol für Freiheit, Glück und Gesundheit) wurde in eine Holztonne gesperrt, um ihn anschließend mit gezielten Steinwürfen aus seinem Gefängnis zu befreien. Wobei der Hahn seine Befreiung aber oftmals nicht überlebte. Mit der Neuauflage des Hahnbeers Mitte des 19. Jahrhunderts wurde das »Smietenop de Hahn in de Tünn« durch Boßel-Wett-

Das Nordhastedter Frunsbeer wird bereits seit Jahrhunderten gefeiert.

An jeweils einem Wochenende im Februar feiern die drei Heider Eggen ihr traditionelles Hahnbeer.

kämpfe abgelöst. Geblieben sind hingegen die festlichen Umzüge und die Pflege der niederdeutschen Tradition: An den Festtagen wird nur Plattdeutsch gesprochen.

Frunsbeer in Nordhastedt

Mit wildem Geschrei bricht eine Bande wüster Gesellen aus ihrem Versteck hervor und greift das Dorf an. Die Nordhastedter Männer wehren sich nach besten Kräften, doch gegen die kampferprobten Räuber haben sie nur eine geringe Chance. Als der Kampf verloren scheint, greifen die Nordhastedter Frauen – die gerade beim Kochen des Breis sind – beherzt in das Geschehen ein. Indem sie den überraschten Angreifer den heißen Brei um die Ohren schleudern, können sie das Blatt zugunsten des Dorfes wenden. Seitdem – so die Überlieferung – wird alle drei Jahre am Sonnabend vor Johanni (24. Juni) zur Ehre der mutigen Frauen das Frunsbeer (Frauenfest) gefeiert. Höhepunkt des Festes ist die Aufführung des Überfalls und der Festnahme der Räuber, die anschließend in einem Festumzug durch das Dorf geführt werden. Bei der abendlichen Siegesfeier haben die Frauen das Sagen und fordern die Männer zum Tanze auf.

Rolandreiten in Windbergen

Das vermutlich mehr als 1000 Jahre alte Reiterspiel war im Mittelalter in ganz Europa heimisch. Heute ist – soweit bekannt – das kleine, südlich von Meldorf gelegene Dorf Windbergen der einzige Ort auf der Welt, in dem die alte Tradition des Rolandreitens noch bewahrt wird. Der Roland ist eine fast mannsgroße, bunt bemalte Holzfigur mit ausgestreckten Armen. Am rechten Arm der drehbar gelagerten Figur ist ein Holzschild befestigt. Im Galopp reiten die Reiter in Richtung Roland und versetzen seinem Schild mit dem Stöter – einem etwa 60 Zentimeter langen, mit Eisen beschlagenen Holzstößel – einen kräftigen Stoß. Ziel des Stoßes ist es, dass sich die Figur möglichst oft um ihre eigene Achse dreht. Ein guter Stoß bringt zwölf und mehr Drehungen. Sieger ist derjenige, der in allen Durchgängen zusammengerechnet, die meisten Umdrehungen erreicht hat. Neben Geschicklichkeit ist bei diesem Reiterspiel auch Kraft und Mut gefragt. Kraft, weil allein der Stöter etwa sechs Kilogramm wiegt; Mut, weil der Reiter schnell genug sein muss, um nicht vom ausgesteckten linken Arm des sich drehenden Rolands getroffen zu werden. Früher war am linken Arm der Holzfigur einen Aschebeutel befestigt. Den bekam der Reiter – sehr zur Freude der Zuschauer – ins Genick, wenn er nicht schnell genug galoppierte. Bis in die 1980er Jahre war das Rolandreiten eine reine Männersportart, heute wird es – wie andere Pferdesportarten auch – von Frauen dominiert. Das Rolandreiten von Windbergen findet traditionell am Pfingstsonntag statt.

Die Tradition des Rolandreitens – früher europaweit verbreitet – wird heute nur noch in dem kleinen Ort Windbergen gepflegt.

Sauerkrautpfanne
nach Art des Kronprinzen

1 EL Butterschmalz	erhitzen, darin
200 g Putenbrust (geschnetzelt)	sowie
200 g Schweinenacken (geschnetzelt)	kross anbraten. Mit
Salz, Pfeffer, Paprika (edelsüß)	würzen, herausnehmen und in einer Schüssel warm stellen.
50 g Speck (gewürfelt)	sowie
1 Zwiebel (gewürfelt)	in die Pfanne geben und im verbliebenen Fett anschwitzen.
850 g Sauerkraut	und
250 g grüne Bohnen (geschnitten)	hinzufügen.
4 Kartoffeln (gekocht)	würfeln, dazugeben.
2 Äpfel, 2 Birnen	schälen, entkernen und in feine Scheiben schneiden, dazugeben.
1 Kochwurst	halbieren, in Scheiben schneiden, dazugeben und vorsichtig verrühren. Mit
100 g Apfelmus	sowie
150 ml Brühe	
1 Prise Zucker	
Salz, Pfeffer	und ein wenig
Kümmelpulver	verfeinern.
1 EL Öl	in einer weiteren Pfanne erhitzen, darin
4 kleine Lammbratwürste	braten.

Die Sauerkrautpfanne auf Tellern verteilen und mit Kräuterschmand (Rezept S. 152) sowie Lammbratwurst anrichten.

74

Dennis Wilms und Thies Möller:
Showkochen auf der Kieler Woche im »Unser Norden Dorf«

Schwarzer Mehlbeutel

200 ml Schweineblut	durch ein Haarsieb geben und mit
300 ml Milch	in einer Schüssel mit dem Schneebesen gut vermengen.
5 Eigelbe	cremig rühren. Dann die Blut-Milch-Mischung vorsichtig unterrühren.
1 TL Salz, 1 TL Piment	dazugeben.
250 g Paniermehl	hinzufügen und verrühren. Zuletzt
200 g Mehl	einarbeiten, bis ein klumpenfreier Teig entstanden ist.
5 Eiweiße	steif schlagen und unter den Teig heben, dadurch wird er luftig. Den Teig in
1 Tuch	füllen und in siedendem Wasser etwa 1,5 Stunden garen.

Dazu passt Apfelkompott.

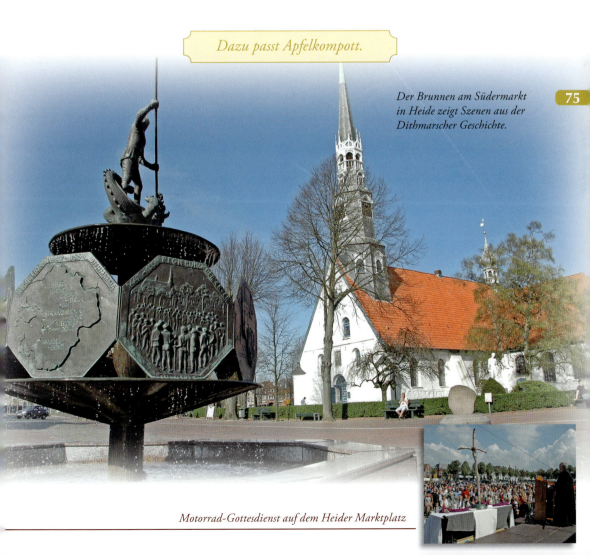

Der Brunnen am Südermarkt in Heide zeigt Szenen aus der Dithmarscher Geschichte.

75

Motorrad-Gottesdienst auf dem Heider Marktplatz

Schnüsch

Je 250 g Karotten, Erbsen, Brechbohnen	in wenig Wasser kurze Zeit kochen und abgießen.
250 g Kartoffeln	kochen, pellen und in Scheiben schneiden. Mit dem Gemüse gut vermischen.
500 ml Sahne	hinzufügen. Aus
50 g Butter, 50 g Mehl	Mehlbutter zubereiten und die Flüssigkeit damit binden. Mit
Salz, Zucker	abschmecken.
1 Bund Petersilie	fein hacken, darüber streuen.

Schnüsch schmeckt besonders gut, wenn im Gemüsewasser eine Schweinebacke mitgekocht wird. Dazu isst man eine Scheibe rohen Schinken oder geräucherten Speck.

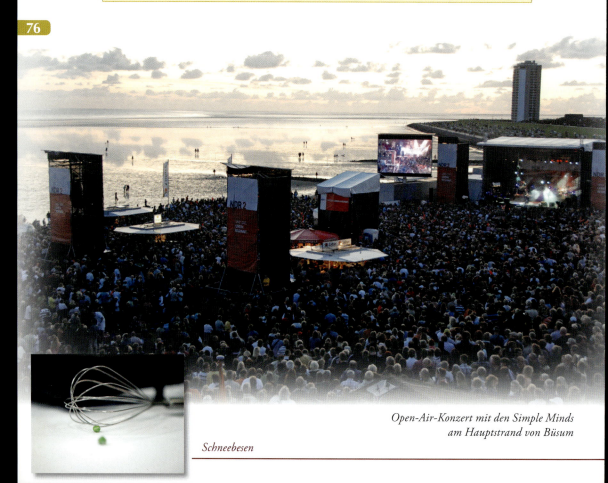

Open-Air-Konzert mit den Simple Minds am Hauptstrand von Büsum

Schneebesen

Spitzkohl-Auflauf

600 g Kartoffeln	in Salzwasser 20 Minuten gar kochen, trocken dämpfen, pellen und in Scheiben schneiden.
3 Zwiebeln	schälen und fein würfeln.
3 Karotten	waschen, schälen und grob raspeln.
1 kleiner Spitzkohl	äußere Blätter und den Strunk herausschneiden, in Würfel schneiden und in
1,5 l Gemüsebrühe	3 Minuten kochen lassen. Mit einer Schaumkelle herausheben und in einer mit Eiswasser gefüllten Schüssel abschrecken. Den Kohl in ein Sieb geben und abtropfen lassen.
200 g Kasseler oder Mettwurst	in Würfel schneiden.
2 EL Rapsöl	in einem Topf erhitzen, Zwiebeln zugeben und glasig dünsten, den Kohl und die Karotten hinzugeben und bei mittlerer Hitze etwa 5 Minuten garen. Mit
Salz, Pfeffer	abschmecken. Eine Auflaufform mit
1 EL weiche Butter	einfetten. Die Hälfte der Kartoffelscheiben auf dem Boden verteilen, mit
Salz, Pfeffer	würzen. Die Hälfte der Kohl-Mischung darauf verteilen, nun die Kasseler- oder Mettwurstwürfel gleichmäßig überstreuen, darauf die restliche Kohl-Mischung und als letztes die Kartoffelscheiben fächerförmig anordnen.
2 Eier	mit
100 ml Sahne	und
Salz, Pfeffer, Muskatnuss	in einer Schüssel verquirlen und über die Auflaufmasse gießen.
150 g Emmentaler	reiben, gleichmäßig über den Kartoffelscheiben verteilen und bei 180 °C etwa 30 Minuten backen.

77

Hauptstrand von Büsum

Schlick, Kohl und Marktfrieden – neuere Feste

Ein schmutziger Sport – die »Wattolümpiade« in Brunsbüttel

Ein sportliches Großereignis, bei dem die Athleten eins mit ihrer Spielstätte werden – diese Symbiose ist nur bei der im knietiefen Elbschlick vor Brunsbüttel ausgetragenen Wattolümpiade zu beobachten. Auf der schlüpfrigen Sportstätte messen sich die »Wattleten« in den unterschiedlichsten Disziplinen: Watt-Fußball »Wolliball«, Aal-Staffellauf und Tampentrecken. Doch für welche Sportart die Aktiven sich auch begeistern – nach dem Wettkampf sehen alle gleich aus. Tausende von Zuschauern finden sich auf dem Elbdeich ein, um die Wattleten mit lautstarken Anfeuerungsrufen zu immer neuen Höchstleistungen anzustacheln. Doch wer gewinnt, ist schließlich fast egal. Wichtig ist das alle – die aktiven Sportler gleichermaßen wie die Zuschauer – ihren Spaß gehabt haben. Und davon gibt es jedes Mal eine ganze Menge. Und wie es vor dem Deich nun einmal so ist: Da Hoch- und Niedrigwasser sich nicht vorschreiben lassen, wann sie zu kommen haben, kann für die Wattolümpiade auch kein fester Termin angegeben werden.

Dithmarscher Kohltage

Eine Woche im September steht ganz Dithmarschen im Zeichen des Kohls. Dann sind die »Dithmarscher Kohltage« angesagt, ein nördliches Gegenstück zu den Weinfesten im Süden Deutschlands. Die Tage rund um das gesunde Gemüse werden vom Kreispräsidenten und einem Vertreter der Landesregierung mit dem Kohlan-

Kohlanschnitt mit Ministerpräsident Peter Harry Carstensen, Tanja und Thies Möller und Baby Mareike Möller

An den Spielen im Schlick vor Brunsbüttel haben alle ihren Spaß – die Teilnehmer ebenso wie die Zuschauer.

schnitt auf dem Feld eines landwirtschaftlichen Betriebes eröffnet. Mit dabei sind auch die beiden amtierenden Kohlregentinnen in ihren farbenfrohen Dithmarscher Trachten. Anschließend präsentieren Dithmarscher Gemeinden sechs Tage lang ein buntes und unterhaltsames Programm rund um den Kohl.

Der fruchtbare und steinfreie Marschboden kommt aber nicht nur dem Kohl zugute, er verleiht auch Kartoffeln eine helle und glatte Schale. Und der hohe natürliche Nährstoffgehalt des Marschenbodens macht die Küstenknollen zu geschmacklichen Delikatessen.

Heider Marktfrieden

Neueren Datums, aber mit historischem Hintergrund, ist der Heider Marktfrieden – ein großes Historienspektakel, das seit 1990 alle zwei Jahre am ersten Juliwochenende gefeiert wird. Mit dem Fest erinnert die Stadt an ihre Anfänge. Die Besucher werden mit auf eine Reise ins 15. und 16. Jahrhundert genommen. Damals trafen sich die 48 Regenten der Dithmarscher Bauernrepublik auf dem Heider Marktplatz zur Landesversammlung, auf der Recht gesprochen und die Geschicke des Landes bestimmt wurden. Diese Versammlungen gingen mit Markttagen einher, an denen der Marktfrieden galt. Das Fest findet am Original-Schauplatz statt, dem Heider Marktplatz. Mit Händlern, Handwerkern, Tierzeilen und Gaumengenüssen bietet der »Historische Markt« ein Bild eines geschäftigen Markttages. Reiterspiele, Musikanten, Tänzer, Schausteller, Wahrsager, Gaukler und Bettler vervollständigen das lebhafte Markttreiben.

79

*Neben der Bauernhochzeit und dem Markttreiben
ist die Aufführung eines Freilichtspiels fester
Bestandteil des Heider Marktfriedens.*

*Über 80 Millionen Kohlköpfe
werden in Dithmarschen angebaut.*

Schwarzsauer

1,5 kg Schweinenacken,
Schweineherz und -nieren in

1 l Wasser mit

1 Zwiebel

1 EL Salz, ½ TL Piment

100 ml Essig

2 Lorbeerblätter sowie

5 Pfefferkörner (weiß) gar kochen. Sobald das Fleisch gar ist, mit einer Schaumkelle aus dem Topf heraus in einen Steinguttopf legen. Die Flüssigkeit durch ein Haarsieb gießen und in einem Topf zum Kochen bringen. Nun

1 l Schweineblut unter ständigem Rühren hineingießen, bis eine relativ dicke Konsistenz erreicht ist. Diese Sauce wird über das Fleisch gegossen.

> *Dazu reicht man Mehlklöße oder Salzkartoffeln.*

Klaus-Groth-Museum in Heide

Klaus-Groth-Gedenkstein in Heide

80

Wirsing-Kohlroulade (für 10 Stück)

1 Weiß- oder Wirsingkohl	Die äußeren Blätter des Kohls entfernen und den Strunk herausschneiden. Den ganzen Kohl etwa 8 Minuten in leicht köchelndes Salzwasser geben, dann herausnehmen, die angekochten Blätter vorsichtig abnehmen, den restlichen Kohlkopf wieder in das siedende Wasser geben und so fortfahren. Inzwischen
1 Brötchen vom Vortag	in grobe Scheiben schneiden, in
200 ml Milch	einweichen.
1 Zwiebel	pellen, halbieren und in feinste Würfel schneiden.
3 Eier	mit
500 g Hackfleisch (gemischt)	in eine große Schüssel geben, darauf die Zwiebel und das ausgedrückte Brötchen mit der Milch – noch nicht umrühren.
1½ TL Salz, ½ TL Pfeffer	sowie
1 Msp. Muskat, 1 EL Senf	dazugeben, den Teig mit den Händen durcharbeiten. Die Kohlblätter mit wenig
Salz, Pfeffer, Kümmelpulver	würzen. Ein Viertel der Hackmasse auf das untere Drittel des Kohlblattes geben, erst die Seiten einschlagen, dann zur Roulade von unten nach oben rollen.
2 EL Butterschmalz	in einem Bräter oder Pfanne erhitzen und die Kohlrouladen darin scharf anbraten, mit Kohlbrühe auffüllen und im Backofen bei 170 °C etwa 45 Minuten garen. Wenn die obere Schicht der Kohlrouladen dunkel wird, je eine Scheibe
Räucherspeck	daraufgeben und so lange garen, bis der Speck knusprig ist.
100 g gewürfelter Speck	anbraten und mit 500 ml Kohlrouladenfond ablöschen, mit
Salz, Pfeffer	abschmecken und nach Belieben mit etwas
Muskatnuss	und
Sahne	verfeinern.

81

Ergibt 10 Rouladen.
Dazu passen Salzkartoffeln.

Wirsing-Kohlroulade mit Specksegel

Gefüllter Schweinebauch mit Sauerkraut und Bärlauch-Püree

1 Schweinebauch	Knochen auslösen. Von der fetten zur mageren Seite aufschneiden, dabei das letzte Stück geschlossen lassen und aufklappen. Die Speckseite kreuzförmig einritzen, mit
Salz, Pfeffer	würzen.
2,5 Stangen Lauch	putzen, halbieren, waschen, von der Wurzel befreien und blanchieren. Die Lauchstreifen auf dem aufgeklappten Schweinebauch auslegen und darauf
300 g Sauerkraut	verteilen. Nun den Schweinebauch aufrollen und mit Band zusammenbinden. Den gefüllten Schweinebauch bei 150 °C etwa 1,5 Stunden garen und evtl. mit etwas Wasser angießen.
100 ml Bier	mit
2 EL Öl, ½ TL Salz	
½ TL Paprika (edelsüß)	zu einer Marinade verrühren. Den Ofen auf 190 °C aufheizen und den gefüllten Schweinebauch etwa 25 bis 30 Minuten gar braten. Dabei die eingeritzte Haut immer wieder mit der Marinade bepinseln, das ergibt eine wunderbare Kruste.

82

Die Sauce	Knochen (vom Schweinebauch) klein hacken.
2 EL Öl	in einem Topf erhitzen und die Knochen anbraten.
3 Karotten, 1 Zwiebel	sowie
⅓ Knolle Sellerie	grob schneiden, dazugeben, anbraten.
2 EL Tomatenmark	einrühren.
50 ml Rotwein	angießen.

Der Dithmarscher Schwertertanz ist eine alte Tradition, die heute noch von einer Gruppe junger Menschen gepflegt wird.

1 Lorbeerblatt	sowie
2 Nelken	und
3 Wacholderbeeren	dazugeben.
500 ml Gemüsebrühe	hinzufügen und reduzieren lassen. Diesen Vorgang drei- bis viermal wiederholen. Die Sauce passieren und evtl. mit etwas
Stärke (angerührt)	nachbinden und mit
Salz, Pfeffer	abschmecken.

Dazu passen Sauerkraut (Rezept S. 138) und Bärlauch-Püree (Rezept S. 129).
Den gefüllten Schweinebauch in Scheiben schneiden, auf Sauerkraut anrichten,
Bärlauch-Püree aufdressieren und die Sauce extra dazu reichen.
Fleisch mit Kruste: Fleisch immer von der weichen Seite zur Kruste schneiden, da man
sonst mit zu viel Druck schneiden müsste und der Fleischsaft herausgepresst würde.

83

Die Kohlregentinnen Katharina I. und Rieke I. sind die
Repräsentantinnen für die Dithmarscher Kohltage 2012.

Gefülltes Schweinefilet

1 Schweinefilet (Mittelstück)	der Länge nach mit einem Wetzstahl durchbohren. Für die Füllung
3 Scheiben Weißbrot	entrinden und würfeln.
4 Blätter Bärlauch	in feine Streifen schneiden.
4 EL Walnüsse	hacken.
80 g Fetakäse	würfeln. Die Zutaten mit
1 Ei	sowie
Salz, Pfeffer	gut vermengen. Diese Masse in einen Spritzbeutel füllen und die Schweinefilet-Mitte damit füllen.
3 EL Öl	in einer Pfanne erhitzen und das Filet von allen Seiten gut anbraten. Nun die Temperatur reduzieren und langsam weiter garen (10 bis 15 Minuten).

Dazu passen Stampfkartoffeln mit Bärlauch (Rezept S. 129) und Joghurt-Dip (Rezept S. 153). Das Schweinefilet in Scheiben schneiden, die Stampfkartoffeln links darüber anrichten und den Dip auf den rechten Teil des Tellers platzieren. Mit Bärlauchblüte und Kresse garnieren.

Sauerfleisch

1 kg Schweinenacken	in 6 bis 7 cm große Würfel schneiden.
3 l Wasser	aufkochen und die Fleischwürfel hineingeben. Das Fleisch 2 Minuten kochen lassen, danach auf ein Sieb geben und kalt abspülen, damit sich die Fleischporen schließen. Das Fleisch erneut in 2,5 l Wasser (kalt) aufsetzen und aufkochen lassen.
3 Zwiebeln (halbiert, in Scheiben)	sowie
25 Pfefferkörner	
30 Pimentkörner	
2 Lorbeerblätter	
7 TL Salz, 3 TL Zucker	
2 EL Kräuteressig	
13 EL Essig-Essenz	hinzufügen und etwa 30 Minuten köcheln lassen. Das Fleisch aus dem Sud nehmen und in einen Steingut-Topf oder dekorative Schüssel geben.
25 Blätter Gelatine	in kaltem Wasser 5 Minuten einweichen, danach ausdrücken und in dem nicht mehr kochenden Sud unter Rühren auflösen. Den Sud über das Fleisch gießen und in einen kühlen Raum stellen.

Wichtig: Fleisch und Sud im heißen Zustand abschmecken.
Beilagen: Bratkartoffeln, Schwarzbrot mit Butter, Senf, Remoulade, Bier und Korn.

Pahlen, ein kleiner Hafen an der Eider

Das Weltnaturerbe erleben

Weite Teile des Weltnaturerbes und damit des Nationalparks sind für die Öffentlichkeit nicht zugänglich. Hier hat der Schutz der Natur, der Pflanzen und der Tiere absoluten Vorrang vor Freizeitaktivitäten und anderen konkurrierenden Nutzungen. In anderen Gebieten sind hingegen störungsfreie Einblicke in diesen sensiblen Lebensraums erlaubt.

Besucher der berühmten afrikanischen Nationalparks kennen die »Big Five« (Elefant, Löwe, Nashorn, Büffel und Leopard) als die Höhepunkte einer jeden Safari. Analog zu ihnen hat auch der Nationalpark Wattenmeer seine »Big Five«. Doch damit nicht genug: neben den großen Tierarten gibt es mit den »Small Five« und den »Flying Five« je fünf weitere, für den Nationalpark typische Tierarten. Exemplarisch repräsentieren sie die Vielfalt des Lebens im Wattenmeer. Doch da wir uns nicht in Afrika befinden, sondern in Norddeutschland, wollen wir sie zur Unterscheidung – aber ganz inoffiziell – »De Groten Fiev«, »De Lütten Fiev« und »De Fiev mit Flünken« nennen. »De Groten Fiev« sind Seehund, Kegelrobbe, Schweinswal, Seeadler und Europäischer Stör, »De Lütten Fiev« sind Wattwurm, Herzmuschel, Strandkrabbe, Wattschnecke und Nordseegarnele. Für »De Fiev mit Flünken« wurden Alpenstrandläufer, Brandgans, Austernfischer, Silbermöwe und Ringelgans stellvertretend für alle im Wattenmeer vorkommenden Vogelarten auserkoren.

Eine Fahrt zu den Seehundbänken im Nationalpark Wattenmeer gehört zu den unvergesslichen Erlebnissen.

Von Dithmarschens Küstenorten aus wird ein breit gefächertes Programm natur- und heimatkundlicher Watt-Exkursionen angeboten. Die spannenden und zugleich informativen Wattführungen und Wattwanderungen sind bestens geeignet, »De lütten Fiev« und ihre Artgenossen kennenzulernen. Es werden auch spezielle Führungen für Kinder angeboten, auf denen die Kleinen und Kleinsten spielend ihre ersten Erfahrungen mit dem Naturraum Wattenmeer machen. Fitness und Ausdauer müssen hingegen diejenigen mitbringen, die an den mehrstündigen Watt-Wanderungen teilnehmen wollen.

Etwas schwieriger ist es schon, »De groten Fiev« in ihrem Lebensraum zu beobachten. Gute Gelegenheiten, Seehunde – vereinzelt auch Kegelrobben – zu erleben, bieten sich bei Schiffs-Exkursionen zu den vor der Küste gelegenen Seehundsbänken. Sie gehören zu den beliebtesten Fahrtzielen und erfreuen sich einer ständig wachsenden Beliebtheit. Das nahegelegene Multimar Wattforum in Tönning bietet Einblicke in die Welt der Wale und im Großraum-Aquarium kann man Störe aus nächster Nähe sehen. »De Fiev mit Flünken« und alle anderen Vögel sind hingegen überall an den Küsten Dithmarsches zu beobachten – wobei ein gutes Fernglas durchaus nützlich ist. Für Ornithologen wurden an einigen Stellen Schutzhütten errichtet, aus denen eine störungsfreie Vogelbeobachtung möglich ist.

87

Bei Wattführungen können Besucher viel über das Leben im Watt erfahren.

Schweinenackenspieße auf Weidenzweigen

1,5 kg Schweinenackenfleisch	in Gulasch-Würfel schneiden.
3 große Zwiebeln	pellen, halbieren und in Scheiben schneiden. Die Fleischwürfel mit den Zwiebeln und
150 ml Rapsöl	
Salz, Pfeffer	vermengen und 3 bis 4 Stunden durchziehen lassen. Aus Backsteinen eine runde Feuerstelle bauen, Grillkohle in die Mitte füllen, anzünden und gut durchglühen lassen. Inzwischen
8 Weidenzweige	sauber waschen. Das Fleisch auf die frischen Weidenzweige spießen (etwa 6 Fleischwürfel je Spieß) und über dem Feuer rundherum knusprig grillen.

Dazu passt die Fruchtige Sauce (Rezept S. 148).

88

Windmühle »Gott mit uns« in Eddelak

Gourmet-Geschnetzeltes

Je 180 g Rinderfilet, Schweinefilet	parieren und in feine Streifen schneiden.
100 g Champignons	putzen, halbieren oder vierteln.
Je 50 g Austernpilze, Kräuterseitlinge	putzen, in grobe Stücke schneiden.
100 g Zuckerschoten	waschen und klein schneiden.
1 Zwiebel	pellen, in feine Würfel schneiden.
200 g Karotten	schälen und grob raspeln.
Je ½ rote, grüne, gelbe Paprikaschote	waschen, entkernen und in Würfel schneiden.
100 g Cherrytomaten	waschen, halbieren.
2 EL Öl	in einer Pfanne erhitzen, dann das Fleisch anbraten.
2 cl Whisky	in eine Kelle geben, auf der Herdplatte erwärmen, dann mit einem Feuerzeug entzünden und den brennenden Whisky über das Fleisch gießen. Mit
Salz, Pfeffer (weiß)	würzen und das geschnittene Gemüse hinzufügen.
250 ml braune Sauce (Rezept S. 156)	auffüllen.
1 TL grüner, eingelegter Pfeffer	mit einem Mörser zerdrücken, dazugeben.
120 g Gewürzgurken	halbieren und in Scheiben schneiden, hinzufügen.
2 TL Senf	sowie
150 g Crème fraîche	beimengen und aufkochen lassen.

89

Dazu passt Bärlauch-Püree (Rezept S. 129).

Gourmet-Geschnetzeltes

Frikadellen »Großmütterchen Art«

Die Frikadelle – wollen wir uns im Folgenden einfach auf den norddeutschen Ausdruck einigen – ist in ihrer Zubereitung sehr einfach und, spätestens seit der »Hamburger« in unser Leben Einzug gehalten hat, das wohl meist verbreitete Gericht in Deutschland.
In der Zubereitung gibt es aber, im wahrsten Sinne des Wortes, »saftige Unterschiede«.
Das Rezept, das Sie hier lesen, basiert auf einem Trick, den ich wiederum von meiner Mutter habe. Sie weichte die Brötchen für den Teig immer in Milch ein und hat diese Milch hinterher mit in den Teig gegeben. Außerdem machte sie immer einen sehr weichen Teig, fast schon zähflüssig. Die Frikadellen sind zwar so schwer zu formen, aber dafür ungleich saftiger.

Um den kleinen Beweis anzutreten, habe ich mit einigen Schülern am Beruflichen Bildungszentrum Meldorf den Test gemacht: Wir haben drei identische Teige hergestellt – allerdings einen mit Wasser, einen mit Sahne und den letzten mit Milch.
Nach der Blindverkostung waren alle Auszubildenden der gleichen Meinung, dass die Frikadellen mit Milch die saftigsten und wohlschmeckendsten waren. Außerdem verloren sie am wenigsten Gewicht. Die mit Wasser waren mit Abstand die trockensten.

Das Alte Pastorat ist das älteste Gebäude in Meldorf. Es wurde vermutlich schon vor 1500 als Kapelle gebaut und diente nach der Profanisierung als Pfarrhaus. In dieser Funktion wurde es 1600 um den Westteil mit dem markanten Giebel erweitert.

1 Brötchen (vom Vortag)	in grobe Scheiben schneiden und in
200 ml Milch	einweichen. Ein wenig vergreifen – »vermatschen«.
1 Zwiebel	pellen, halbieren und in feinste Würfel schneiden.
500 g Hackfleisch (gemischt)	mit
3 Eier	in eine große Schüssel geben, darauf die Zwiebel und das ausgedrückte Brötchen mit der Milch – noch nicht umrühren.
1½ TL Salz, ½ TL Pfeffer	sowie
1 Msp. Muskat, 1 EL Senf	dazugeben, den Teig mit den Händen durcharbeiten. Für gleichmäßig große Frikadellen geben Sie die Hackmasse in eine Schöpfkelle, streichen Sie an der Kante glatt und schlagen den Inhalt auf das leicht angefeuchtete Brett. In einer Pfanne
3 EL Öl	erhitzen. Befeuchten Sie die Hände, geben die portionierte Hackmasse auf einen Handteller und drücken sie gleichmäßig mit der anderen Hand flach (2 cm). Den Rand schieben Sie mit dem Finger zur Mitte, damit die Außenseite genauso hoch wird. Die geformten Frikadellen vom Körper weg in die Pfanne geben (Spritzgefahr) und auf beiden Seiten braten.

91

Dazu passt gestovtes Gemüse (Rezept S. 131).

Ehemaliger Viehmarkt in Heide

Filetsteak Editha mit Champignons à la Crème und Rührei

Champignons à la Crème

1 Zwiebel	in feine Würfel schneiden.
300 g Champignons	mit einer weichen Bürste ohne Wasser reinigen.
3 EL Rapsöl	erhitzen, Champignons und Zwiebelwürfel dazugeben. Bei mittlerer Hitze braten, bis die Pilze eine leicht braune Farbe bekommen. Mit
Salz, Pfeffer (weiß)	würzen und
2 EL Crème fraîche	
4 EL Sauce hollandaise	sowie
1 TL Zitronensaft	hinzugeben. Mit
Kresse oder Schnittlauch	verfeinern. Lassen Sie den Topf zugedeckt bei geringer Hitze stehen.

92

Bratkartoffeln, amerikanische Art

4 – 6 Kartoffeln	schälen, in dünne Scheiben schneiden.
4 EL Öl	in der Pfanne erhitzen und die Kartoffelscheiben darin goldbraun braten. Zum Schluss mit
Salz, Pfeffer	würzen.

Die Filetsteaks

Je 3 EL Öl, Butter	in die Pfanne geben und erhitzen. Wenn Sie einen Tropfen Wasser in die Pfanne geben und es zischt, ist das Öl heiß genug.
4 Filetsteaks (à 160 – 200 g)	leicht mit dem Handballen plattieren. Vorsichtig in die Pfanne legen. Immer vom Körper weg, damit Sie die Spritzer nicht abbekommen. Nach dem Wenden die angebratene Seite mit
Salz, Pfeffer	würzen. Kurz weiterbraten, wieder wenden, salzen und pfeffern und die Temperatur verringern.

Lachse vom Dithmarscher Salzwiesenlamm

Die Rühreier

4 Eier	aufschlagen, mit dem Schneebesen verrühren, mit
Salz, Pfeffer (weiß)	würzen.
4 Scheiben Toastbrot	toasten. Eine Pfanne mit
1 EL Butter	auf die Flamme stellen und die vorbereiteten Eier hineingeben. Mit dem Holzlöffel das Ei von außen nach innen ziehen, damit es gleichmäßig gar wird und eine gleichmäßige Dicke bekommt.

Das Anrichten

	Sobald das Rührei stockt, vierteln Sie es in der Pfanne, legen die Toasts auf die Teller, die Filetsteaks darauf und geben die heißen Champignons darüber. Die Rühreihälften werden darüber angerichtet. Die Bratkartoffeln werden hinter dem Filetsteak angerichtet. Mit
Kresse oder Schnittlauch	sowie einem Tupfer
Ketchup	und
Anchovishälften (1 kleine Dose)	garnieren.

93

Gezüchtete Champignons sind von Natur aus so sauber, dass es vollkommen reicht, sie vorsichtig zu bürsten. Das hat mehrere Vorteile – die Champignons verwässern nicht und behalten den natürlichen Eigengeschmack.

Der Queller ist eine Pionierpflanze der Wattböden.

Filetsteak Editha mit Champignons à la Crème und Rührei

Rinderrouladen

4 Rouladen	waschen und mit Haushaltspapier abtupfen. Mit
Salz, Pfeffer (aus der Mühle)	würzen und mit
Senf (mittelscharf)	bestreichen.
4 mittlere Gewürzgurken	halbieren.
2 kleine Zwiebeln	abziehen, vierteln und in Scheiben schneiden.
4 Scheiben durchwachsener Speck (dünn geschnitten)	anbraten, etwas auskühlen lassen und auf die Rouladen legen, die Gurkenstreifen und Zwiebeln darauf verteilen. Bei den Rouladen die äußeren Seiten einschlagen, aufrollen und mit einem Rouladenspieß fest fixieren.
3 EL Öl	in einem Schmortopf stark erhitzen und die Rouladen darin von allen Seiten scharf anbraten. Mit
300 ml Saucenansatz (Rezept S. 156)	auffüllen und mit geschlossenem Deckel etwa 1¼ Stunden schmoren lassen. Dann prüfen, ob die Roulade gar ist: Wenn ein Holzstab sich leicht löst, ist sie gar. Nun die Rouladen aus der Flüssigkeit nehmen und warm stellen. Die Sauce passieren, mit Mehlbutter aus
je 100 g Butter, Mehl	nachbinden. Mit
Salz, Pfeffer	und
saure Sahne	verfeinern.

94

> *Verwenden Sie Rouladen aus dem Semer oder aus der Oberschale. Servieren Sie dazu Kartoffelpüree und Blumenkohl »polnisch« (Rezept S. 127).*

Winterliche Stimmung im Speicherbecken der Meldorfer Bucht

Variation von der Rinderroulade

Ein Weltnaturerbe vor der Haustür

Unmittelbar vor der Küste Dithmarschens liegt der Nationalpark »Schleswig-Holsteinisches Wattenmeer«, ein vor Leben strotzender Lebensraum – sowohl in der Luft und im Wasser, als auch auf und unter der Erde.

Der 26. Juni 2009 war ein wichtiges Datum für den Nationalpark Schleswig-Holsteinisches Wattenmeer. An diesem Tag wurde er zusammen mit dem Wattenmeer-Nationalpark in Niedersachsen und dem PKB-Schutzgebiet in den Niederlanden von der UNESCO zum Weltnaturerbe ernannt. Die Auszeichnung erhielt das Wattenmeer unter anderem aufgrund seiner Bedeutung für die Erhaltung der biologischen Vielfalt und bedrohter Arten weltweit. Mit der Ernennung steht es auf einer Stufe mit anderen weltberühmten Naturwundern wie dem Great-Barrier-Riff in Australien, dem Grand Canyon und den Galapagos-Inseln. Das ausgezeichnete Gebiet zieht sich rund 400 Kilometer an den Küsten entlang und ist fast 10 000 Quadratkilometer groß.

Das Weltnaturerbe Wattenmeer umfasst recht unterschiedliche Lebensräume wie Salzwiesen und Dünen, Wattflächen und Sände. Zudem ist es eine außergewöhnlich dynamische Landschaft, die durch Wind und den Wechsel der Gezeiten ständig neu geformt wird. Durch die unterschiedlichen Lebensräume ist das Wattenmeer Heimat zahlreicher Tier- und Pflanzenarten. Rund 10 000 verschiedene Arten leben hier: einzellige Organismen, Pilze und Pflanzen sowie Tiere wie Würmer, Schnecken und Muscheln, Insekten, Fische, Vögel und Säugetiere. Auf der Durchreise zwischen ihren Brutgebieten in den arktischen Regionen und ihren Überwinterungsgebieten legen jedes Jahr rund 10 bis 12 Millionen Vögel eine Rast im Wattenmeer ein. Hier finden sie genug Nahrung, um sich für die oft Tausende von Kilometern lange Reise zu stärken.

Nicht nur die Anzahl der hier lebenden Arten, auch deren Menge ist beeindruckend. So leben auf einem Quadratmeter Wattfläche bis zu zwei Millionen Organismen. Zudem finden mehrere hundert Lebewesen auf den regelmäßig überfluteten Salzwiesen ihren höchst speziellen Lebensraum: Sie können nur hier und nirgendwo anders existieren.

95

Das Weltnaturerbe Wattenmeer ist eine amphibische Landschaft. Bei Ebbe fallen große Wattflächen trocken, die bei Hochwasser überflutet sind.

Filet »vor und hinter dem Deich« im Kräuter-Crêpe

Die Filetsteaks

4 Filetsteaks (à 180 g)	mit dem Handballen plattieren, damit die Fasern nicht zerstört werden.
2 EL Butterschmalz	stark erhitzen und die Filetsteaks von beiden Seiten scharf anbraten. Dann die Temperatur verringern und das Fleisch mit
Salz, Pfeffer	würzen. Die Pfanne nicht waschen, sondern für die Scampi aufheben.

Garnelen und Hummersauce

8 Riesengarnelen	aus der Schale brechen und den Darm entfernen.
Rapsöl	in der Pfanne erhitzen und die Riesengarnelenschalen anbraten.
½ Zwiebel, 2 Karotten	schälen, würfeln und dazugeben.
½ Stange Lauch	halbieren, in Scheiben schneiden, dazugeben.
3 Knoblauchzehen	in den Topf geben und mit
4 cl Cognac (nach Belieben)	flambieren. Mit
je 250 ml Weißwein, Brühe	auffüllen und 10 Minuten köcheln lassen. Danach durch ein Sieb passieren und mit
Salz, Pfeffer, Zucker	würzen.
4 – 5 EL Hummerpaste	einrühren, so dass die Sauce etwas eindickt. Mit
Sahne, frische Kräuter	verfeinern.
3 EL Öl	in einer Pfanne erhitzen und die von den Schalen befreiten Riesengarnelen von beiden Seiten anbraten. Dann mit
Salz, Pfeffer	leicht würzen.

Haus in Marktnähe, Burg

Spargel und Kirschtomaten

250 g weißer Spargel	vom Kopf zum dickeren Ende schälen. Am Ende etwa 3 cm abbrechen, als Kontrolle, ob die ganze Schale entfernt ist, danach gerade schneiden.
250 g Thai-Spargel	nur am Ende kürzen und in 2 cm große Stücke schneiden.
1,5 l Wasser	mit
1 EL Butter	
½ TL Salz, 1 TL Zucker	sowie dem Saft von
½ Zitrone	zum Kochen bringen. Den Spargel etwa 15 Minuten darin köcheln lassen. Den Spargel in die Hummersauce geben.
100 g Kirschtomaten	in
2 EL Butter (zerlassen)	3 Minuten schwenken und mit
Salz, Pfeffer	würzen.

Pro Portion einen von 4 Kräuter-Crêpe (Rezept S. 134) auf den Teller legen, ein Steak in der Mitte darauf platzieren. Den oberen Teil des Crêpe hochschlagen, 2 Scampi auf dem Steak anrichten, mit Spargel-Hummersauce nappieren. Spargel und Kirschtomaten seitlich platzieren.

97

Der Wattwurm, das Naturschutz-Info-Zentrum
im Speicherkoog Dithmarschen

Gänsekeule Editha
mit süßsaurer Karamellsauce

Die Gänsekeule Editha heißt im Übrigen so, weil meine Mutter das Rezept erfunden hat. Sie war eine der ersten Küchenmeisterinnen in Deutschland. Kochen à la Mama – das ist nach wie vor das beste Essen. Und so hat sie ihre Gänsekeule zubereitet. Mit viel Liebe und eben dieser Einzigartigkeit, an der ich persönlich noch arbeite.

Diese Rezeptur wurde in Deutschland schon mal von einem hohen Gastronomen abgeguckt und als Gänsekeule »Hamburger Art« benannt. Der Koch – ein Freund unseres Hauses – hatte das Gericht ein paar Tage vorher bei uns zuhause gegessen und schon drei Tage später medienwirksam als seine Erfindung ausgegeben. Als meine Mutter das in den Fachzeitschriften las, hat sie fast geweint.

Als ich 1995 in Moskau war, um dort die Köche und das Servicepersonal vom Spezialitätenrestaurant »Atlantik« im Hotel »Ukraina« auf westlichen Standard zu trainieren, konnte ich die Ehre meiner Mutter wieder herstellen. Wir haben auf die offizielle Speisekarte eben diese Gänsekeule gesetzt und mit dem Vornamen meiner Mutter, nämlich Edith, benannt.

Ganz kurz noch eine Kleinigkeit zum Gericht: Gänsekeule ist natürlich etwas sehr Festliches. Besonders zu Weihnachten ist sie sehr geeignet. Aber auch deshalb, weil man alles einen Tag vorher vorbereiten kann und zum eigentlichen Anlass dann maximal eine halbe Stunde in der Küche stehen muss.

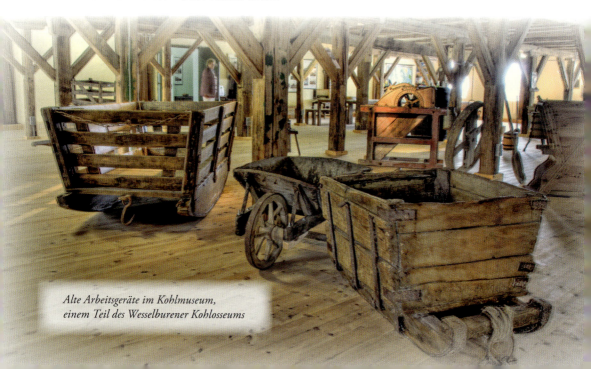

Alte Arbeitsgeräte im Kohlmuseum,
einem Teil des Wesselburener Kohlosseums

5 Gänsekeulen (à 400 – 450 g)	kurz unter heißem Wasser abspülen.
2 mittelgroße Zwiebeln	pellen und in Scheiben schneiden.
3 l Wasser, 15 g Salz	in den Topf geben, die Zwiebelscheiben hinzufügen und mit
8 Nelken	
5 Wacholderbeeren	
4 Lorbeerblätter	
15 Pfefferkörner (weiß, gemörsert)	
300 ml Kräuteressig	sowie
80 g Zucker	zum Kochen bringen. Die Gänsekeulen in das kochende Wasser geben, etwa 2 Stunden bei leichter Hitze köcheln lassen und laufend mit einer Schaumkelle den Schaum abschöpfen. Eventuell etwas Wasser nachfüllen. Nach 2 Stunden eine der Keulen herausnehmen und den Gartest machen (siehe Tippkasten). Nach dem Gartest alle Gänsekeulen aus dem Topf nehmen. Wenn der Fond auf 50 °C abgekühlt ist, die Gänsekeulen wieder dazugeben.

99

Die süßsaure Karamellsauce

	1,5 l Flüssigkeit von den gekochten Keulen durch ein Haarsieb gießen (Fond).
130 g Zucker	karamellisieren – dafür bei mittlerer Hitze erwärmen. Die Masse muss ständig mit dem Schneebesen gerührt werden. Sobald der Zucker fast dunkelbraun ist, den Topf vom Herd ziehen und vorsichtig den Fond mit der Schöpfkelle nach und nach dazugeben. Vorsicht: Bis zur dritten oder vierten Kelle schäumt der Fond wild auf. Wenn er mit dem karamellisierten Zucker verrührt ist
Saucenbinder (braun)	einrühren, bis eine leicht cremige Konsistenz entsteht. Mit
1 Spritzer Kräuteressig	sowie
Salz, Pfeffer (weiß, aus der Mühle)	nachschmecken.

Die »Schloss« genannte Villa in Wesselburen

Fertigstellung und Anrichten

Die Gänsekeulen im Fond kurz aufkochen, dann noch etwa 5 Minuten köcheln lassen. Währenddessen den Backofen auf 220 °C (Oberhitze) vorheizen. Die heißen Gänsekeulen auf ein Backblech legen, die Hautseite muss nach oben zeigen. 3 Schöpfkellen vom Fond auf das Blech gießen. So bleiben die Keulen saftig und werden oben trotzdem lecker knusprig. Das Blech auf die mittlere Schiene in den vorgeheizten Ofen geben, nach 10 Minuten sollte der Bräunungsgrad kontrolliert werden. Die Sauce langsam und vorsichtig erhitzen, dabei umrühren. Die Sauce zuerst auf den Teller (Soßenspiegel) geben. Oben rechts stellen Sie den Rotkohl im Apfel und oben links die Kartoffeln.

Dazu passen Rotkohl im Apfel (Rezept S. 135) und Herzoginkartoffeln (Rezept S. 133).
Gartest: Nach 2 Stunden nimmt man eine der Keulen heraus und lässt sie etwas abkühlen. Nun wird geprüft, ob die Keule gar ist: Wenn man mit dem Daumen und Zeigefinger am Mittelgelenk bis auf die Knochen drücken kann, ist die Keule gar, ansonsten noch einige Minuten köcheln lassen und den Test erneut machen.

Inline-Skaten an der Nordsee

Fasanenbrust auf glasierten Weintrauben

4 Fasanenbrüste	waschen, trocken tupfen, mit
Salz, Pfeffer	würzen und in
2 EL Butterschmalz	zuerst die Hautseite etwa 2 Minuten braun anbraten, dann drehen und etwa 6 Minuten weitergaren.
100 g rote Weintrauben	sowie
100 g weiße Weintrauben	halbieren und entkernen.
100 g Zucker	in einer Pfanne karamellisieren lassen, dann mit
100 ml Orangensaft	ablöschen, die Weintrauben zugeben und mit
1 Spritzer Cointreau	verfeinern.

Dazu passen Champagnerkraut, Preiselbeersauce mit Pfifferlingen (Rezept S. 154) und Herzoginkartoffeln (Rezept S. 133).

Auch Golfen ist in Dithmarschen möglich.

101

Der reetgedeckte Kerzenhof in Schafstedt ist Café und Dorfmuseum zugleich.

Lammkeule mit Kräutern

1 Lammkeule (ca. 2,8 kg)	kalt abspülen, trocken tupfen.
Je 1 Bund Thymian, Majoran und Rosmarin	waschen, die Blättchen oder Nadeln abzupfen.
4 Knoblauchzehen	pellen, mit den Kräutern und
100 g Oliven	sowie der abgeriebenen Schale von
1 Bio-Zitrone	pürieren. Mit
Salz, Pfeffer	abschmecken.
100 ml Olivenöl	unterrühren. Das Fleisch rundherum mit einem scharfen Messer 2,5 cm tief einstechen, die Hälfte der Kräuterpaste in die Einschnitte streichen, den Rest auf dem Fleisch verteilen. Abgedeckt über Nacht im Kühlschrank ziehen lassen.
4 EL Rapsöl	in einer großen Kasserolle erhitzen und die Lammkeule darin anbraten. Dann 4 bis 5 Stunden im Backofen garen (120 °C Heißluft). Zwischendurch immer wieder mit Bratensaft begießen.
1 kg Kartoffeln	schälen und vierteln.
500 g Schalotten	abziehen. Nach 3,5 Stunden Garzeit Kartoffeln und Schalotten um die Keule verteilen.
100 ml Lammfond	angießen. Mit
Salz, Pfeffer	würzen.
200 g Tomaten	waschen und vierteln, 15 Minuten vor Garzeitende zugeben.

Lammsattelscheiben auf dem Grill

Verwenden Sie Lammfond aus dem Glas oder aus gekochten Lammknochen.

Seehundstation Friedrichskoog

Die beliebte ZDF-Fernsehserie ist vielen Zuschauern noch in guter Erinnerung. Die Serie spielte zwar auf der Insel Rügen, doch wurden große Teile der Aufnahmen in der Seehundstation Friedrichskoog gedreht. Hier können Besucher immer noch ein »Hallo Robbie!«-Feeling bekommen und Robben (fast) hautnah erleben. Die seit 1985 bestehende Anlage umfasst ein 800 Quadratmeter großes Beckensystem, das für die dauerhaft in der Station lebenden Seehunde und Kegelrobben errichtet wurde. Beide heimischen Robbenarten können in den Becken, an Land und durch ein Unterwasserfenster auch beim Tauchen beobachtet werden. Ein besonderer Publikumsmagnet sind die täglich stattfindenden Fütterungen der Seehunde und Kegelrobben.

In der Station werden zudem junge, mutterlos aufgefundene Seehunde – die so genannten Heuler – aufgezogen und auf das spätere Aussetzen in der Nordsee vorbereitet. Die Seehundstation Friedrichskoog ist die einzige autorisierte Aufnahmestelle in Schleswig-Holstein. Dieser Bereich ist für Besucher nicht direkt zugänglich. Die Jungtiere können aber durch Fenster, über Kameras oder von einem 17 Meter hohen Aussichtsturm beobachtet werden. Ergänzt wird das Angebot der Seehundstation durch Ausstellungen und Informationsveranstaltungen – darunter Vorträge, Filmnachmittage und Aktionen für Kinder.

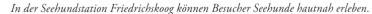

In der Seehundstation Friedrichskoog können Besucher Seehunde hautnah erleben.

Lammstelzen vom Dithmarscher Salzwiesenlamm

mit Rosmarinsauce und Kirschtomaten in Pernod

Die Sauce

300 g Lammknochen	klein sägen lassen und dann scharf in
2 EL Öl	anbraten.
Je 2 Karotten, Zwiebeln	sowie
200 g Sellerie	grob würfeln, hinzufügen, mit
3 EL Tomatenmark	anschwitzen. Mit
250 ml Rotwein	ablöschen und
1 l neutrale Brühe	auffüllen. Mit
Salz, Pfeffer	und
Rosmarin, Knoblauch	würzen und zum Schluss etwas
Pernod	hinzugeben.

104

Küche der Kochschule in Schülperweide

Lammstelzen und Kirchtomaten

8 Knoblauchzehen	pellen und mit einem scharfen Messer kleine »Einstiche« in
4 Lammstelzen	schneiden. Dort die Knoblauchzehen hineindrücken (spicken). Die Lammstelzen mit
Salz, Pfeffer	überall gut einreiben und im Ofen in der Sauce bei 180 °C etwa 1 bis 1,5 Stunden schmoren.
200 g Kirschtomaten	waschen und in
3 EL Butter (geschmolzen)	bei mittlerer Temperatur leicht bräunen. Mit
Salz, Pfeffer	verfeinern. Die gar geschmorten Lammstelzen aus dem Ofen nehmen und die Sauce passieren (durch ein feines Sieb geben), mit
4 cl Pernod	sowie
Kräuter der Provence	abschmecken. Für die Bindung etwas
Stärke	mit Wasser anrühren, in die Sauce einrühren und aufkochen lassen.

Dazu passt Rübenmus (Rezept S. 136).

105

Wehle in Westerdeichstrich

Kollegentreff auf der Grünen Woche in Berlin

Rehrücken im Blätterteig mit Safransauce

Die Vorbereitung

450 g TK-Spinat	sowie
450 g TK-Blätterteig	auftauen lassen.
10 g getrocknete Steinpilze	fein hacken und in
2 – 3 EL Sherry	einweichen.
2 Zwiebeln	abziehen und fein würfeln.
200 g Champignons	putzen, sehr fein hacken. Zwiebeln und Champignons in
2 EL Butter	etwa 2 Minuten dünsten. Steinpilze samt Sherry zugeben, köcheln, bis die Flüssigkeit verdampft ist.
3 Scheiben Toast	entrinden, zerbröseln, mit
100 g feine Leberwurst	unter die Pilze rühren, mit
Salz, Cayennepfeffer	
1 EL Zitronenschale	und
2 EL gehackte Petersilie	würzen.

Rehrücken im Blätterteig

800 g Rehrückenfilets	Fett und Sehnen entfernen, abbrausen, trocken tupfen, mit
Salz, Cayennepfeffer	würzen. In
2 EL Butterschmalz	rundum anbraten. Nun den Spinat ausdrücken, dann so auf ein Stück Frischhaltefolie verteilen, dass ein Quadrat (30 x 30 cm) entsteht. Rehrücken aufs untere Drittel legen, mit Pilzfarce bestreichen und den Rehrücken mithilfe der Folie in den Spinat wickeln. Die Blätterteigscheiben aufeinander legen, auf 30 x 30 cm ausrollen. Den übrigen Teig abschneiden. Den Rehrücken aus der Folie wickeln, auf das untere Drittel des Teiges legen und in den Teig einrollen. Rehrücken mit der Teignaht nach unten auf ein mit Backpapier belegtes Blech legen, kalt stellen. Den Backofen auf 180 °C vorheizen. Rehrücken im Ofen etwa 40 Minuten backen.

Altes Portal des Gasthofes Oldenwöhren in Wöhrden

Die Safransauce

2 Schalotten	abziehen, fein würfeln und in
1 EL Butter	andünsten.
3 EL Sherry	zugeben, aufkochen. Bratenfond und
100 ml Sahne	zugießen und 30 Minuten einköcheln lassen, nach 20 Minuten mit
0,1 g Safran	würzen. Sauce warm halten.
80 g Butterwürfel (tiefgekühlt)	mithilfe eines Pürierstabes unter die Sauce mixen.

Rehrücken vor dem Servieren 10 Minuten ruhen lassen, dann mit einem scharfen Messer aufschneiden. Dazu passen Bohnen-Karotten-Bündel (Rezept S. 128) und Kartoffel-Maronen-Püree (Rezept S. 132).

St. Marien-Kirche in Eddelak

107

Aal in Gelee

400 g Aal	ausnehmen und säubern, nicht abziehen, in gleichmäßige Stücke schneiden. Leicht mit
Salz	würzen.
1 l Wasser	mit
300 ml Weißweinessig	aufkochen.
1 TL Pfeffer	sowie
2 Lorbeerblätter	
8 Pfefferkörner	zugeben.
1 große Karotte	schälen und mit dem Buntmesser in Scheiben schneiden, in den Sud geben.
10 cl Madeira	zum Sud geben. Nach 5 Minuten Garzeit die Karottenscheiben herausnehmen und erkalten lassen.
3 hartgekochte Eier	und die Aalstücke hinzufügen, 15 Minuten köcheln lassen. Danach aus dem Sud nehmen.
2 Tomaten	
2 Gewürzgurken	in Scheiben schneiden. Eine Form oder mehrere kleine Förmchen mit Karotten-, Eier-, Tomaten- und Gurkenscheiben auslegen.
16 Blätter Gelatine	in Wasser einweichen, danach in dem siedenden Fischsud durch Rühren auflösen. Davon einen Spiegel (das heißt die erste Schicht) über das Gemüse gießen, leicht andicken lassen. Dann die Förmchen mit den Aalstücken füllen und darüber das restliche Gemüse und die Eischeiben garnieren. Den restlichen Gelatine-Fischsud darüber verteilen.

Im Kühlschrank kalt werden lassen,
zum Servieren auf eine Platte stürzen.

Aal in Gelee

Cordon bleu vom Rotbarsch

600 – 800 g Rotbarsch	säubern, mit dem Saft von
1 Zitrone	säuern und mit
Salz	würzen. Rotbarsch in gleichmäßig große Stücke von 150 bis 180 g portionieren, eine Tasche hineinschneiden. In die Tasche jeweils 1 Scheibe von
4 Scheiben gekochter Schinken	und
4 Scheiben Gouda	hineingeben und den aufgeschnittenen Rand mit
1 Eiweiß	bestreichen. Das Filet erst in
150 g Mehl	wenden, dann durch
1 – 2 Eier (verschlagen)	ziehen und mit
150 g Paniermehl	panieren. Den Rand gleichmäßig hoch anklopfen, bei mittlerer Hitze in einer Pfanne von jeder Seite in
3 EL Butterschmalz	2 bis 3 Minuten goldgelb backen.

109

Garnierung: Zitronenscheiben, 1 Bund gehackte Petersilie und Paprika (edelsüß) – je die Hälfte der Zitronenscheibe damit garnieren.

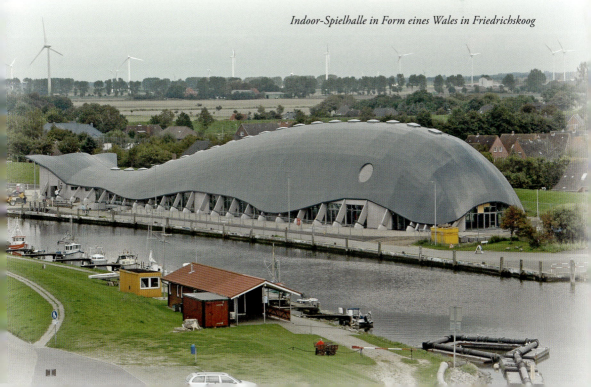

Indoor-Spielhalle in Form eines Wales in Friedrichskoog

Kürbis-Risotto mit Riesengarnelen

½ Hokkaido-Kürbis	waschen, Kerne, faseriges Fruchtfleisch entfernen. Kürbis klein würfeln.
1 rote Zwiebel	und
2 Knoblauchzehen	abziehen, hacken.
1 TL Koriandersamen	bei mittlerer Hitze rösten, bis er duftet, im Mörser zerstoßen.
1 EL Kürbiskerne	anrösten, grob hacken.
1 EL Butter	und
2 EL Olivenöl	im Topf erhitzen, alle Zutaten und Gewürze unter Rühren einige Minuten anbraten.
400 g Rundkornreis	untermischen.
125 ml trockener Weißwein	zugießen, unter Rühren verdampfen lassen.
1¼ l Gemüsebrühe	hinzufügen, Reis unter Rühren offen bei mittlerer Hitze garen (20 Minuten), bis er bissfest ist. Dabei nach und nach immer wieder Brühe nachgießen, sobald die Flüssigkeit verdampft ist.
2 Zweige Rosmarin	abzupfen und hacken.
4 Riesengarnelen	schälen, am Rücken einschneiden, Darmfaden entfernen. Garnelen waschen und trocken tupfen.
Öl	in einer Pfanne erhitzen, Garnelen mit Rosmarin unter Rühren etwa 3 Minuten braten, bis sie rot sind. Mit
2 TL Zitronensaft	und
Salz, Pfeffer	würzen, warm halten. Etwas
Butter	würfeln, unter das Risotto ziehen.

Mit Garnelen in tiefen Tellern heiß servieren.

Kürbis-Risotto mit Riesengarnelen

Karpfen blau

1 Zwiebel	schälen, mit
1 Lorbeerblatt	und
4 Nelken	spicken.
5 l Wasser	in einem Bräter mit der Zwiebel und
5 TL Salz, 6 EL Essig	zum Kochen bringen.
8 Stücke Karpfen (1,5 – 2 kg)	4 Karpfenstücke mit der Haut nach oben etwa 15 Minuten leicht köcheln lassen, das Wasser muss nur leicht wellen. Auf 4 heißen Tellern oder auf einer Platte mit Stoffserviette anrichten, servieren und die anderen 4 Karpfenstücke ins Wasser geben.

*Dazu zerlassene Butter, Petersilienkartoffeln, Sahnemeerrettich
(Rezept S. 159) und geriebenen Apfel reichen.
Lassen Sie sich am besten gleich im Fischgeschäft den Karpfen portionieren.
Trotzdem muss er dann während seiner Reise zu Ihrer Küche und bei der
Verarbeitung immer feucht bleiben, sonst zerreißt die Schleimhaut und der
Karpfen bekommt beim Kochen Flecken und ist dann nicht gleichmäßig blau.*

111

Meldorfer Hafen.

Der ehemalige Meldorfer Außenhafen

Sturmfluten

Der Landkreis Dithmarschen ist – wie alle anderen Regionen der Nordseeküste auch – von 8,50 Meter hohen Deichen geschützt. Die Bewohner der Küstengebiete sind hinter diesem Bollwerk relativ sicher. Doch das war nicht immer so.

Die Siedlungsgeschichte der Marsch ist von einem ständigen Kampf mit den Naturgewalten geprägt. Einerseits nutzten seine Bewohner von Anbeginn an den Reichtum der Nordsee, andererseits mussten sie sich aber auch mit ihren Gefahren und Schrecken auseinandersetzen. Die Nordsee schenkte den Menschen fruchtbares Land; sie forderte es bei schweren Sturmfluten aber auch binnen weniger wieder ein. Wer die Gegend mit offenen Augen erkundet, stößt auf alte Deichlinien, die von der steten Landgewinnung künden, aber auch auf Wehlen (mit Wasser gefüllte sichtbare Reste vergangener Deichbrüche), die von der zerstörerischen Kraft der Sturmfluten berichten.

Die Zeugnisse des stetigen Kampfes mit dem »Blanken Hans« sind in der Umgebung von Büsum besonders gut und zahlreich erhalten. Für die meisten – Feriengäste ebenso wie Einheimische – ist es heute kaum vorstellbar, dass Büsum vor nicht

Sturmflut in Büsum

allzu ferner Zeit noch eine Insel war. 1140 wurde sie unter dem Namen »Buisne« erstmals urkundlich erwähnt. Ihre Geschichte liegt aber weitgehend im Dunkel der Vorgeschichte. Bekannt sind lediglich die Namen einiger Orte, sowie die mit verheerenden Sturmfluten einhergehenden großen Landverluste im Südteil der Insel – unter anderem durch die »Große Mandränke« von 1362. Im Norden wuchs die Insel hingegen stetig. Sie vergrößerte sich durch Anlandungen und Eindeichungen, neue Ortschaften entstanden. 1585 wurde die Insel durch einen (heute noch sichtbaren) Damm mit dem Festland verbunden. Weitere Eindeichungen folgten, so dass der Inselcharakter mit der Zeit vollständig verloren ging.

Das Gebiet der Gemeinde Westerdeichstrich gehörte einst zur Insel Büsum. Sie liegt auf jenen Marschen, die im Norden der Insel hinzugewonnen und durch Deiche geschützt wurden. Zahlreiche Wehlen im Gemeindegebiet berichten von den Rückschlägen, die mit der Gewinnung neuen Landes einhergingen. Nach den Deichbrüchen mussten diese wieder geschlossen werden. Allerdings kolkten die einströmenden Wassermassen die Bruchstelle so weit aus, dass die Bruchstellen in einem Bogen umdeicht werden mussten. Die größte Wehle liegt in der Ortsmitte von Weserdeichstrich, direkt gegenüber der 1845 erbauten Windmühle »Margaretha«.

113

Der Sturmflutenpfahl zeigt eindrucksvoll die Höhen vergangener Sturmfluten.

Gegrillte Kräuter-Heringe

6 Heringe	ausnehmen und gründlich unter fließendem Wasser säubern, dann mit dem Saft von
1 Zitrone	beträufeln und mit
Salz	würzen. Heringe in
5 EL Mehl	wenden, das restliche Mehl abklopfen.
Je 1 Bund Schnittlauch, Petersilie	sowie
6 Blätter Salbei	fein hacken. Ein rechteckiges Stück Alufolie an den Seiten hochziehen, so dass ein »Backblech« entsteht. Dieses auf den Grillrost legen und darin
4 EL Butterschmalz	schmelzen. Die Kräuter und Heringe hineingeben. Nach 1 bis 2 Minuten wenden und weitere 1 bis 2 Minuten grillen.

114

Die St. Katharinen-Kirche zu Nordhastedt

Mareike, Stefan und Akascha nach erfolgreicher Angeltour

Krabben-Frikadellen mit Gurken-Dip

50 g Zwiebelwürfel	in
1 EL Butter	anschwitzen, etwas erkalten lassen. Dann mit
2 Eier	
450 ml Milch	
300 g Krabbenfleisch	
250 g Paniermehl (ungewürzt)	
8 g Dill (fein gehackt)	
10 g Salz, 1 g Pfeffer	gut vermengen. 12 Krabbenfrikadellen (à 100 g) formen und in
20 g Butterschmalz	vorsichtig ausbacken.

Der Gurken-Dip

½ Salatgurke	schälen, entkernen und fein raspeln. Mit
500 ml Sahne-Vollmilch-Joghurt	
1 Knoblauchzehe (zerdrückt)	
½ TL Zitronensaft	
1 Prise Zucker	
Salz, Pfeffer	gut verrühren.

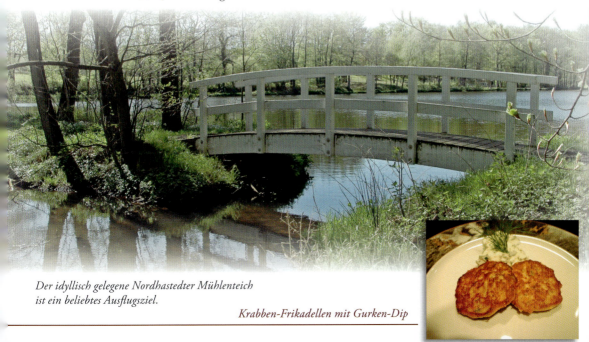

Der idyllisch gelegene Nordhastedter Mühlenteich ist ein beliebtes Ausflugsziel.

Krabben-Frikadellen mit Gurken-Dip

Krabben-Paella mit Safran-Sauce

400 g Putenfleisch	in 1 x 3 cm lange Streifen schneiden.
350 g Kartoffeln (festkochend)	schälen, waschen und in feine Würfel schneiden. Die Würfel in eine Schüssel mit Wasser geben, damit die Kartoffeln ihre gelbe Farbe behalten.
100 g Weißkohl	sechsteln, den Strunk herausschneiden, in feine Streifen schneiden und blanchieren.
100 g Karotten	schälen, halbieren, in feine Scheiben schneiden und blanchieren.
100 g Zuckerschoten	waschen und zweimal pro Schote schräg durchschneiden. Den Wok oder die Pfanne stark erhitzen und erst dann
3 EL Rapsöl	hineinlegen. Sobald das Öl heiß ist, das Fleisch hineingeben und nicht bewegen. Nach 2 Minuten das Fleisch wenden und kross anbraten, danach mit
4 cl Whisky	flambieren. Mit
Salz, Pfeffer (weiß, aus der Mühle)	würzen. Das Fleisch herausnehmen und warm stellen. Das vorbereitete Gemüse in die Pfanne sowie die Safran-Sauce hineingeben. Bei mittlerer Hitze 7 bis 10 Minuten köcheln, zum Schluss das Fleisch wieder hinzufügen. Die Paella auf einen Teller auffüllen und mit
80 g Nordseekrabben	sowie
60 g gewürfelter Katenschinken	
1 Kasten Kresse (geschnitten)	garnieren.

116

Die Safran-Sauce

1 große Zwiebel	pellen und fein würfeln.
1 säuerlicher Apfel	schälen und raspeln.

Luftaufnahme vom Büsumer Hafen

2 Knoblauchzehen	pellen, klein hacken. Alle Zutaten mit
100 ml Sahne	
300 ml Crème fraîche	
0,1 g Safran	
Salz, Pfeffer	sowie
2 EL Zitronensaft	gut verrühren, so dass eine homogene Masse entsteht.

*Es ist wichtig, das Fleisch erst nach dem Anbraten zu würzen,
da Salz wasserentziehend wirkt. Wenn Sie das Fleisch also zu früh
salzen, wird es nicht knusprig und fängt an zu kochen.
Das Krabbenfleisch immer kalt dazugeben, da es beim Erhitzen hart
und trocken wird.*

117

*Verladung von Krabben und Fischen auf dem
Büsumer Bahnhof zu Beginn des 20. Jahrhunderts*

Spiegelei mit frischen Krabben auf Schwarzbrot

	2 Pfannen mit
Butterschmalz	erhitzen.
8 Eier	aufschlagen und etwa 4 Minuten braten. Mit
Salz, Pfeffer (weiß)	würzen.
4 Scheiben Schwarzbrot	mit
Butter	bestreichen.
320 g Krabben	darauf anrichten und dann die Spiegeleier daraufgeben.

Eier immer flach auf der Arbeitsfläche aufschlagen, da das Eigelb nie zentral in der Mitte sitzt. Sonst haben Sie statt schönen Spiegeleiern die Kreation »Vom Winde verweht«.

118

Krabbenkutter auf Fangfahrt

Spiegelei mit frischen Krabben auf Schwarzbrot

Krabben – die Delikatesse aus der Nordsee

Sie verstecken sich hinter vielen Namen: In Ostfriesland heißen sie Granat, in Nordfriesland nennt man sie Porren. Und bei uns in Dithmarschen hat man früher Kraut gekauft – und das gleich literweise. Gemeinhin nennt man sie Krabben und sie sind unter diesem Namen auch bundesweit bekannt. Obwohl die Krabben in Wirklichkeit keine Krabben sind sondern Garnelen. Sand-Garnelen um genau zu sein. Alles verstanden? Ich glaube nicht. Also bleiben wir bei dem gängigen Begriff Krabben, jener Köstlichkeit aus der Nordsee, bei der jeder Feinschmecker bereits beim Aussprechen des Namens ins Schwärmen gerät – bei den frisch gefangenen, wohlgemerkt.

Tiefgekühlt oder konserviert sind sie überall zu bekommen – wirklich frisch aber nur dort, wo sie auch gefangen werden. Wie in den kleinen und idyllischen Fischer-Häfen Dithmarschens zum Beispiel. Sie sind die Heimat der Krabben-Kutter, die diese kleine Krebsart mit ihren Grundschleppnetzen fangen und anschließend sofort an Bord in Seewasser kochen. Durch das Kochen erhalten die grauen Garnelen auch ihre appetitliche rötliche Färbung.

Die köstlichste der Dithmarscher Gaumenfreuden lässt sich auf unterschiedliche Art genießen. Zum Beispiel auf einer Bank in der Sonne sitzend, die soeben gekaufte Tüte Krabben auf dem Schoß, eine Krabbe in die Hand nehmen und pulen – und dann ab damit in den Mund. Etwas Übung und Muße ist bei dieser Art des Genusses schon gefragt, denn Krabben-Pulen will gelernt sein und braucht seine Zeit. Wobei das Pulen aber auch ein Zeremoniell sein kann, das die Vorfreude auf den zu erwartenden Genuss erhöht.

Einfacher geht es in den zahlreichen Restaurants, die frische Krabben in zahlreichen Variationen auf ihrer Speisekarte führen. Der Fantasie der Köche sind in dieser Hinsicht keinerlei Grenzen gesetzt. Zu jeder Saison erscheinen neu kreierte Gerichte auf den Speisekarten – entweder als Vorspeise, Hauptgericht oder als Beilage zu anderen Gerichten. Auf ein Gericht schwört aber jeder echte Feinschmecker. Es ist eine der einfachsten, aber auch schmackhaftesten Arten, Krabben zu verzehren, ein Klassiker unter den Krabbengerichten: eine Scheibe Schwarzbrot mit Butter, viel Krabben und ein Spiegelei obendrauf.

Büsumer Krabben in der Schale

Rührei mit Krabben, Aal und Lachs

12 Eier	verschlagen, mit
Salz, Pfeffer (weiß)	würzen und mit
2 EL Butter	in die Pfanne geben. Das Rührei immer von außen nach innen ziehen. So bleibt es saftig und bekommt keine Farbe. Rührei auf Tellern mit
120 g Krabben	
120 g geräuchertes Aalfilet	
120 g Räucherlachs	anrichten und mit
1 Bund Schnittlauch (geschnitten)	garnieren.

Dazu passt frisches Mehrkornbrot.
Krabben nie erhitzen, denn dadurch werden sie hart
und verlieren ihren natürlichen Eigengeschmack.

120

Gekräuterter Feuerlachs
mit Honig-Dill-Senfsauce

1 Lachsfilet mit Haut	säubern und alle Gräten entfernen. Mit
Meersalz (grob)	ganz dünn einreiben und 30 Minuten ruhen lassen, danach das restliche Salz entfernen. Mit Dillzweigen von
1 Bund Dill	sowie
Basilikum, Rosmarin	belegen, in die »Feuerlachs-Vorrichtung« spannen und etwa 30 Minuten am offenen Feuer garen.

Dazu passt Honig-Dill-Senfsauce (Rezept S. 149)
und warmer Speck-Kartoffelsalat (Rezept S. 51).

Rührei mit Krabben, Aal und Lachs

Lachs und Zander in Eihülle auf Limettennudeln

4 Lachsscheiben ohne Haut (à 100 g)	und
4 Zanderfilets mit Haut (à 100 g)	säubern, trocken tupfen, dann mit
Zitronensaft	säuern und mit
Salz	würzen. In
10 EL Mehl	wenden.
4 Eier	verschlagen und mit
Salz, Pfeffer	würzen, Fisch durchziehen.
400 g Nudeln	nach Packungsanweisung in reichlich Salzwasser garen.
1 Bio-Limette	heiß abwaschen und die Schale abreiben, den Saft auspressen. Die Filets in der Pfanne mit
3 EL Butterschmalz	goldgelb braten. Den Limettensaft in das Butterschmalz träufeln, Filets aus der Pfanne nehmen, diese Limettenbutter durch ein Haarsieb auf die abgetropften Nudeln geben und mit der abgeriebenen Limettenschale vermengen.

121

Die Seehundstation am Hafen von Friedrichskoog

Lachs und Zander in Eihülle auf Limettennudeln

Miesmuscheln

4 kg Miesmuscheln	waschen und wenn nötig abbürsten.
Je 2 Zwiebeln, Karotten	schälen, dann fein würfeln.
1 Stange Lauch	waschen und in Streifen schneiden.
2 Knoblauchzehen	fein hacken. Das Gemüse in einem sehr großen Topf mit
3 EL Rapsöl	leicht anschwitzen. Muscheln hinzugeben und mit dem Deckel verschließen. Nach 3 Minuten mit
1 l trockener Weißwein	und
250 ml Sahne	auffüllen. Nun
2 Stängel Thymian	
1 Lorbeerblatt	
1 TL Kräuter der Provence	
1 Msp. Safran	sowie
Salz	hineingeben. Wieder zudecken. Noch 10 Minuten bei kleiner Hitze garen. Dann die Muscheln mit dem Fond in einer Schüssel anrichten. Mit
1 Bund Schnittlauch (geschnitten)	bestreuen.

122

*Dazu frisch gebackenes Baguette reichen.
Nach dem Kochen geschlossene Muscheln aussortieren.*

*Bei Niedrigwasser kann man an der Nordsee
zahlreiche Muscheln finden.*

Miesmuscheln

Der letzte seiner Art

Es ist noch gar nicht so lange her, und doch mutet es fast wie eine Geschichte aus einem Märchen an. Noch bis ins 19. Jahrhundert hinein war der Europäische Stör ein häufiger Fisch in der Nordsee und in unseren Flüssen. Er ist einer der urtümlichsten und weltweit ältesten Fischarten überhaupt – ein lebendes Fossil, dessen Vorfahren schon zur Zeit der Dinosaurier lebten. Mit einer Länge von mehr als drei Metern und einem Gewicht von über 300 Kilogramm gehört er zudem zu den größten Fischen Europas.

Noch im 19. Jahrhundert wurden Störe so häufig gefangen, dass Störfleisch als Arme-Leute-Essen galt. In der Hamburger-Gesindeordnung ließen sich beispielsweise Dienstmädchen um 1880 zusichern, nur einmal pro Woche Stör essen zu müssen. Doch bereits in der zweiten Hälfte des 19. Jahrhunderts machte sich die Überfischung bemerkbar. Doch da die Störfischerei ein wichtiger Wirtschaftszweig war, wurde dem Rückgang mit engeren Maschen entgegengewirkt. Da so auch viele nicht geschlechtsreife Jungfische gefangen wurden, ging der Bestand weiter zurück. Der Bau von Sperrwerken, die Flussbegradigungen und die Schifffahrt taten dann das Ihrige, den Störbestand weiter zu dezimieren. Im 20. Jahrhundert war die Eider der letzte Fluss Deutschlands, den Störe als Brutgebiet und Kinderstube nutzen konnten. Doch auch hier hatte er keine Chance: am 13. August 1969 wurde in der Eider der letzte Stör gefangen, mit ihm auch der letzte Europäische Stör in Deutschland. Mit dem Fang des 2,45 Meter langen und über 100 Kilogramm schweren Tieres wurde der Stör in Deutschland ausgerottet.

In den 1920er Jahren wurden noch regelmäßig Störe gefangen.

Scholle »Büsumer Art«

»Garnitur« ist ein feststehender Begriff, diese ist somit weltweit immer gleich, während die »Garnierung« nach Geschmack und Phantasie erfolgt. Eine Garnitur »Büsumer Art« besteht daher immer aus Krabben.

4 Schollen	säubern, mit
Zitronensaft	säuern und mit
Salz	würzen. Die Schollen in
10 EL Mehl	wenden und fest anklopfen.
4 EL Butterschmalz	bei mittlerer Hitze erwärmen. Die Schollen zuerst auf der weißen Seite anbraten. Die Schwanzflosse ein wenig am Rand hoch schieben, da sie sonst zu schnell gar wird. Nach 3 Minuten wenden. Ab und zu mit dem heißen Fett übergießen. Schollen vorsichtig herausnehmen, abtropfen lassen und
200 g Büsumer Krabben	auf den Schollen verteilen.

*Dazu schmecken Petersilienkartoffeln oder Mayonnaisensalat.
Lästige Gräten mögen für Sie vielleicht die Seitengräten sein. Sie können sie vor dem Braten entfernen. Sie sind äußerlich links und rechts als Saum sichtbar, den Sie von der Schwanzflosse aus mit der Schere abschneiden können.*

Henry Vahl, der bekannte, 1977 verstorbene, Schauspieler des Hamburger Ohnsorg-Theaters zu Gast in Büsum

Seezunge Müllerin

4 Seezungen (à 450 g – 500 g)	die Seitengräten abschneiden, säubern, mit
Zitronensaft	beträufeln und mit
Salz	würzen. Dann in
10 EL Mehl	wenden und festklopfen.
250 g Butter	in der Pfanne zerlassen. Die Seezungen etwa 4 bis 5 Minuten auf jeder Seite goldgelb braten. Nach dem Wenden laufend mit heißer Butter übergießen. Herausnehmen und auf Tellern anrichten.
1 Zitrone	schälen und in sehr dünne Scheiben schneiden.
1 Bund Petersilie	hacken, auf die Zitronenscheiben streuen und mit der noch schäumenden Butter durch ein Haarsieb übergießen.
2 Tomaten	schälen und aus den Schalen 4 Tomatenrosen aufrollen und damit garnieren.

125

Dazu passen Tomatensalat (Rezept S. 50) und Salzkartoffeln.
Um alle 4 Filets von der Hauptgräte zu lösen, stechen Sie mit der Gabel einige
Male direkt an der Mittelgräte ganz durch und ruckeln ein wenig. Danach
ziehen Sie die Filets vorsichtig zur linken und zur rechten Seite ab.

Auf der Schleuse Nordfeld können Fußgänger und Radfahrer die Eider überqueren.

Trine Uhl, die letzte Büsumer Krabbenfrau

Baguette mit Bärlauchbutter

1 kleine Zwiebel	abziehen, klein würfeln.
1 Bund Petersilie	waschen, Blätter abzupfen und fein hacken.
1 Bund Schnittlauch	waschen und in kleine Röllchen schneiden. Alle Zutaten mit
1 TL Salz, Pfeffer (weiß)	
100 ml Bärlauchöl	sowie
250 g Butter	vermischen (Pürierstab).
Baguettebrot	von oben so in dicke Scheiben schneiden, dass die Scheiben unten noch zusammenhängen, die Bärlauchbutter zwischen die Brotscheiben streichen. Das Baguette in Alufolie wickeln und auf dem Grill oder im Backofen bei 180 °C etwa 6 bis 8 Minuten aufbacken.

126

Oldtimer-Regatta auf der Nordsee vor Büsum

Bei der seit 1894 durchgeführten Büsumer Kutter-Regatta erhält nicht nur das schnellste Schiff einen Preis, auch der am schönsten geschmückte Kutter wird prämiert.

Blumenkohl »polnisch«

1 Blumenkohl	putzen, ein Kreuz in den Strunk schneiden. Ausreichend Wasser zum Kochen bringen und mit
Salz, Muskatnuss	sowie
1 TL Zitronensaft	versetzen. Den Blumenkohl darin garen. Nach 15 Minuten herausnehmen, auf einer Platte anrichten und mit der polnischen Sauce überziehen.

Die Sauce

75 g Butter	erhitzen und mit einem Holzlöffel so lange umrühren, bis die Schaumkrone weg ist. So entwickelt sich der richtige Buttergeschmack. Dann
50 g Paniermehl	
3 Eier (gekocht, gehackt)	und
2 EL frische Kräuter	hinzufügen, umrühren und heiß über den Blumenkohl ziehen.

127

Der Strunk muss nach unten in den Topf, da man den Blumenkohl besser mit der Schaumkelle herausnehmen kann.

Bei Niedrigwasser finden in Büsum auch Reitturniere im Watt statt.

Blumenkohl »polnisch«

Bohnen-Karotten-Bündel

800 g Prinzessbohnen	putzen, in Salzwasser 3 Minuten bissfest garen. Abschrecken, abtropfen lassen.
800 g Karotten	schälen, putzen, in Stifte schneiden. Wasser mit
1 TL Zucker, 1 Prise Salz	aufkochen. Karotten zugeben, 5 Minuten garen. Abschrecken, abtropfen lassen.
140 g Bacon (dünne Scheiben)	Speckscheiben längs halbieren. Jeweils einige Bohnen und Karotten zusammenlegen, mit Speck umwickeln. Zugedeckt kalt stellen. Zum Servieren dann
4 EL Butter	in einer Pfanne zerlassen. Von
4 Zweige Thymian	die Blättchen abzupfen, zur Butter geben, Bohnen-Karotten-Bündel zugeben, bei kleiner Hitze langsam rundum knusprig braten.

128

Kirche in Wöhrden

Bärlauch-Püree

1 kg Kartoffeln (mehlig kochend)	schälen, waschen, halbieren und in Salzwasser in 20 bis 25 Minuten weich kochen. Dann zu Püree stampfen und
250 ml Milch (heiß)	unterrühren. Mit
Salz, Pfeffer, Muskatnuss	würzen.
1 Bund Bärlauch (ca. 80 g)	waschen, fein hacken.
1 Zwiebel	abziehen, fein hacken, würfeln und in
4 EL Butter	im Topf glasig dünsten. Bärlauch zufügen, mit
Salz, Pfeffer	würzen. Kurz vor dem Servieren über das Püree träufeln.

Immer die Milch auf die Kartoffeln geben, da es leichter ist, mehr Milch zu erhitzen, als Kartoffeln neu zu schälen und zu kochen.

129

Das Materialienhaus in Wöhrden von 1519 gilt als das älteste bewohnte Haus Dithmarschens.

Deutschlands größter Marktplatz

Er liegt mitten in der Kreisstadt Heide – der mit einer Fläche von 4,7 Hektar größte Marktplatz Deutschlands. Allerdings lag Heide in dieser Frage lange Jahre im Clinch mit Freudenstadt, ihrer am Ostrand des Schwarzwaldes gelegenen Partnerstadt, deren Marktplatz ebenfalls 4,7 Hektar groß ist. Inzwischen einigte man sich aber auf die Lesart, dass Heide den größten unbebauten Marktplatz Deutschlands hat, Freudenstadt hingegen den größten bebauten Marktplatz.

Jeden Sonnabendvormittag lockt das quirlige, bunte Treiben auf dem Heider Wochenmarkt zahlreiche Käufer und Seh-Leute an. Bis zu 120 Händler bieten eine große Auswahl an knackigem Obst und feldfrischem Gemüse, Fisch und Fleisch, Brot und Eiern sowie Blumen, Textilien und anderen schönen Dingen an. Das Sympathische an diesem Wochenmarkt ist, dass neben kommerziellen Marktbeschickern auch Landwirte aus dem Umland ihre Produkte feilbieten. Ebenso findet der Marktbesucher kleine Verkaufsstände mit selbst gemachter Marmelade und Eiern von eigenen Hühnern.

130

Nur wenige auswärtige Besucher wissen aber, dass sie bei ihrem Marktbesuch auf historischem Boden stehen. Bereits in der Mitte des 15. Jahrhunderts wurde der Platz in seiner heutigen Größe abgesteckt – und das in einer Zeit, als Heide lediglich ein kleiner Flecken auf der Westseite des heutigen Marktplatzes war. Er war aber kein überdimensioniertes Prestigeobjekt der einstigen Bewohner – der Heider Marktplatz wurde vielmehr als ein »Platz der Republik« konzipiert, als das politische und wirtschaftliche Zentrum der einstigen Bauernrepublik Dithmarschen. Es war eine Epoche im späten Mittelalter und in der frühen Neuzeit, in der das Leben in Dithmarschen von einem hohen Selbstbewusstsein gekennzeichnet war, das auf dem Wohlstand einer großbäuerlichen Oberschicht beruhte. Die für damalige Verhältnisse enorme Größe des Platzes war notwendig, weil dort die Landesversammlungen abgehalten wurden. Unter großer Anteilnahme der Dithmarscher Bevölkerung wurde dort jeden Sonnabend Recht gesprochen – und, weil man gerade da war, Markt abgehalten. Eine Tradition, die sich bis zum heutigen Tag erhalten hat.

Altmarktmeister Heinrich Schultz
auf dem Heider Wochenmarkt

Gestovtes Gemüse

4 Karotten	sowie
1 Kohlrabi	
6 Kartoffeln	schälen und in gleichmäßige Würfel schneiden. In leichtem Salzwasser etwa 10 Minuten kochen.
1 Bund Petersilie	waschen und fein hacken.
3 EL Butter	in einem Topf schmelzen und
2 EL Mehl	mit einem Schneebesen einrühren. Sobald Mehl und Butter eine homogene Masse ergeben,
100 ml Sahne	und so viel Fond vom Kartoffel-Gemüse einrühren, bis eine leicht angedickte Sauce entsteht. Mit
Salz, Pfeffer, Muskat	und der Petersilie vollenden. Die Sauce auf das Gemüse geben.

Auf dem Heider Marktplatz findet seit mehr als 500 Jahren jeden Sonnabend der Wochenmarkt statt.

131

Karotten und Kartoffeln vor der Zubereitung

Kartoffel-Maronen-Püree

700 g Kartoffeln (mehlig kochend)	schälen, waschen und halbieren. In leicht gesalzenem Wasser weich garen. Inzwischen
50 g Butter	zerlassen und
150 – 200 ml Milch	aufkochen.
350 g Maronen (frisch)	jeweils an der Spitze kreuzweise einschneiden, in Salzwasser 10 Minuten köcheln, abschrecken und abtropfen lassen, schälen. Kartoffeln abgießen, gut ausdämpfen lassen, durch die Kartoffelpresse drücken oder gut zerstampfen. Zerlassene Butter und so viel heiße Milch unterrühren, dass das Püree eine sämige Konsistenz hat. Dann mit dem Schneebesen luftig aufschlagen, mit
Salz, Muskatnuss	abschmecken. Maronen ebenfalls durch die Kartoffelpresse drücken oder gut zerstampfen und mit dem Kartoffelpüree vermengen.

Lammkoteletts mit Waldpilzen und Kartoffel-Maronen-Püree

Grießklößchen für Süßspeisen

250 ml Milch	mit
1 EL Butter, 1 EL Zucker	
1 EL Vanillezucker	
Salz	sowie der abgeriebenen Schale von
1 Bio-Zitrone	aufkochen.
100 g Grieß	einrühren und einmal aufkochen. Zum Kloß abrühren, vom Herd nehmen.
1 Ei	trennen und das Eigelb unter die Kloßmasse rühren. Das Eiweiß sehr steif schlagen und sorgfältig unterheben. Mit einem Teelöffel kleine Klöße abstechen und in Salzwasser garen. Mit einer Schaumkelle herausheben, abtropfen und auskühlen lassen.

Herzoginkartoffeln

1 kg Kartoffeln	schälen, in leichtem Salzwasser gar kochen, abgießen und trocken dämpfen. Kartoffeln pürieren.
3 Eigelbe	unterziehen, mit
Salz, Muskat	nachschmecken. Die Masse in einen Spritzbeutel mit Sterntülle geben, auf ein gefettetes Blech rosettenförmig dressieren.
1 Eigelb	mit
4 EL Sahne	verrühren und die Kartoffeln damit einpinseln. Bei etwa 200 °C im Ofen goldgelb backen.

Herzoginkartoffeln werden rosettenförmig auf ein gefettetes Blech gespritzt.

Kartoffel-Püree

1 kg Kartoffeln (mehlig kochend)	schälen, waschen, halbieren und in Salzwasser 20 bis 25 Minuten weich kochen. Dann zu Püree stampfen und
250 ml Milch (heiß)	unterrühren, mit
Salz, Pfeffer, Muskatnuss	abschmecken.

Kräuter-Crêpes

Je 100 ml Milch, Sahne	mit
1 Prise Salz	
2 Eier	
2 EL gehackte Kräuter	sowie
150 g Mehl	zu einem geschmeidigen Crêpeteig rühren. Dann eine Pfanne mit
2 EL Öl	einpinseln und Crêpes backen.

Vorland vor Friedrichskoog

Rinderroulade bürgerlich an Kartoffelpüree

Rotkohl im Apfel (für 5 Personen)

500 ml Wasser	mit dem Saft von
1 Zitrone	zum Kochen bringen. Von
5 große gelbe oder grüne Äpfel	die Deckel fingerbreit abschneiden. Das Kerngehäuse entfernen, dann mit dem Löffel aushöhlen, so dass die Apfelwand 1 cm dick ist. Auf der Apfelunterseite vorsichtig die Blüte entfernen, so dass der Apfel einen guten Stand hat. Die ausgehöhlten Äpfel und Deckel nacheinander für 15 Sekunden in das kochende Zitronenwasser geben und danach zur Seite stellen.
50 g Schmalz	erhitzen und dann
800 g Rotkohl aus dem Glas	darin schwenken, mit
200 ml Apfelmus	
100 ml Johannisbeergelee	sowie
Zimt, Salz, Pfeffer	verfeinern. Den Rotkohl in die Äpfel füllen und anrichten.

135

Das klein geschnittene Apfelfleisch kann zur Verfeinerung des Rotkohls verwendet werden.

Hafenausfahrt in Friedrichskoog

Schafe halten das Gras auf den Deichen kurz.

Rübenmus

1 Rübe	sowie
600 g Kartoffeln	
200 g Karotten	schälen und in etwa 1 cm große Würfel schneiden.
Je 1 Bund Petersilie, Schnittlauch	waschen und fein hacken.
100 g Lauch	waschen, in feinste Streifen schneiden und 2 Minuten in kochendes Wasser geben, danach kalt spülen (blanchieren). Die gewürfelten Rüben in
1,5 l Gemüsebrühe	etwa 15 bis 20 Minuten kochen, in den letzten 5 Minuten die Kartoffel- und Karottenwürfel hinzugeben. Mit
Salz, Pfeffer, Zucker, Muskat	abschmecken. Das Rübenmus stampfen und kurz vor dem Anrichten die Kräuter und den Lauch beimengen.

Der auffällige Austernfischer ist ein häufiger Vogel an der Westküste.

Mit dem Schiff ins Weltnaturerbe

Einen Blick in die unbekannte Welt auf dem Grund der Nordsee erlaubt eine Fangfahrt mit dem Krabbenkutter »Hauke«. Etwa 15 Minuten dauert die Fahrt in das Fanggebiet vor Büsum. Das Netz wird eine halbe Stunde lang in etwa zehn Meter Tiefe über den Meeresgrund geschleppt und dann eingeholt. Neben zahlreichen »Krabben« werden auch andere Meeresbewohner gefangen – bekannte ebenso wie unbekannte: Knurrhähne, Schollen, Flundern und Grasnadeln, nahe Verwandte des Seepferdchens. Der Fang wird von mitfahrenden Fachleuten erklärt. Zum Beispiel die Stinte, die den Umstehenden mit einem »Hier, riech mal« unter die Nase gehalten werden. Und zu deren Verwunderung riechen sie nicht nach Fisch – sondern nach Gurke. Weshalb die Stinte – so ist zu erfahren – landläufig auch »Gurkenfische« genannt werden. Aber der Fang birgt auch Aufregenderes. Wie zum Beispiel die Strand- und Schwimmkrabben, die man vorsichtig anpacken muss, da sie mit ihren Scheren gerne mal zuzwicken. Völlig harmlos ist hingegen der bekannte Seestern, dessen Lieblingsnahrung Muscheln sind.

Zu den ruhigeren, aber nicht minder aufregenden Erlebnissen gehört es, Seehunde auf einer Sandbank zu beobachten. Etwa eine Stunde dauert die Fahrt mit der »Ol Büsum« zu einer großen, 20 Kilometer vor Büsum liegenden Seehundbank. Mit etwa drei Kilometern Länge und zwei Kilometern Breite gehört sie zu den größten der Nordsee. Es ist so gut wie sicher, dass die Passagiere auf jeder Fahrt Seehunde zu Gesicht zu bekommen. An guten Tagen ruhen dort bis zu 200 Exemplare. Die Tiere haben sich an die Annäherung des Schiffes gewöhnt und wissen, dass ihnen von dort keine Gefahr droht. Daher lassen sie sich auch nicht in ihrem wohligen Müßiggang stören und können ausgiebig beobachtet werden.

Die »Ol Büsum« fährt von Büsum aus zu den Seehundbänken.

Bei den Fangfahrten kann man einen Blick auf das Leben unter der Wasseroberfläche werfen.

Sauerkraut

1 Zwiebel	fein würfeln.
1 EL Apfelschmalz	erhitzen und darin
2 EL Speckwürfel	kurz anschwitzen, dann die Zwiebelwürfel zugeben.
500 g frisches Sauerkraut	hinzufügen, köcheln lassen. Mit
100 g Apfelmus (½ Glas)	abschmecken.

138

Feuerlöschboot im Hafen von Brunsbüttel

Weißkohl kurz vor der Ernte

Schwemmklöße

35 g Butter	zerlassen.
65 g Mehl	mit
125 ml Milch	und
½ Eiweiß	verrühren, zur Butter geben, unter Rühren erhitzen, bis sich die Masse vom Topfboden löst, etwas abkühlen lassen.
1 EL Butter	schaumig rühren.
2 Eigelbe	unterrühren, mit der Kloßmasse verrühren.
1½ Eiweiße	steif schlagen, unterheben und von der Masse mit Esslöffeln Klöße abstechen, in
Salzwasser oder Fleischbrühe (kochend)	geben, aufkochen, zugedeckt gar ziehen lassen (10 Minuten), ab und zu vorsichtig umrühren.

139

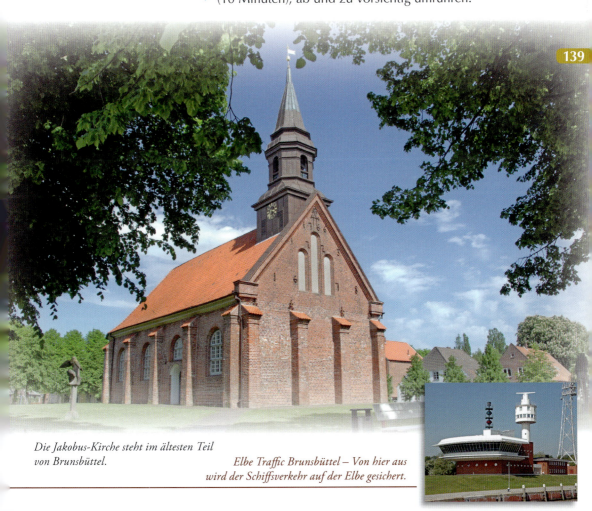

Die Jakobus-Kirche steht im ältesten Teil von Brunsbüttel.

Elbe Traffic Brunsbüttel – Von hier aus wird der Schiffsverkehr auf der Elbe gesichert.

Dithmarscher Mettwurst

10 kg Schweinefleisch
(durchwachsen)   mit

320 g Salz

30 g Pfeffer (weiß)

5 g Salpeter

5 g Rohrzucker   sowie etwas

grober Pfeffer (gestoßen)   und

8 cl Rum   würzen, durch die 5 mm Wolfscheibe drehen, gut kneten. Die Masse stramm in Därme füllen. Die Wurst 5 Tage bei 20 °C und feuchtem Klima abhängen lassen. Anschließend abwaschen und bei 16 °C etwa 7 bis 14 Tage in den Rauch hängen.

Ergibt 10 Mettwürste pro Kilogramm.

Als Därme kommen in Frage: Pferdedarm, Rindermitteldarm oder Schweinefettenden. Man kann auch Kunstdärme für Rohwurst verwenden.

Slipanlage für Schiffe in Büsum, Ende der 1950er Jahre

Am Neujahrstag finden sich immer Mutige, die in Büsum in die Nordsee steigen.

Eierleberwurst

400 g Schweineleber (durchgedreht)	mit
3 Eier	
300 g Paniermehl	
100 g Mehl	und
75 ml Milch	zusammenrühren. Zum Schluss
200 g heißes Schweineschmalz	darunter mischen und mit
Salz, Pfeffer	abschmecken. Dann in Därme füllen. Bei 70 °C etwa 30 Minuten abkochen.

Wird heiß gegessen.

Luftaufnahme von Büsum, 1920er Jahre

Museum am Meer in Büsum

Grobe Bratwurst

3 kg Schweinefleisch (Schulter)	mit
48 g Kochsalz	
9 g Pfeffer (weiß)	
6 g Kümmel (gemahlen oder gebrochen)	
3 g Muskatnuss	sowie
3 g Majoran	würzen, durch die 3 oder 5 mm Wolfscheibe drehen, gut kneten. Zum Schluss
3 Eier	und
30 g Paniermehl	unterrühren, gut vermischen und in Därme füllen.

> Ergibt 30 Bratwürste à 100 Gramm.

142

Das Freizeitbad »Dithmarscher Wasserwelt« in Heide

Mahnmal des Bildhauers Dieter Koswig in Eggstedt

Grützwurst mit Rosinen

| 1 kg gekochte Schwarten und gekochtes, fettes Schweinefleisch (Kopffleisch) | durch die 3 mm Scheibe des Fleischwolfes drehen und in eine Schüssel füllen. |

200 ml gerührtes Schweineblut — hinzugeben und

500 g Gerstengrütze (1 Nacht in Wasser eingeweicht)

80 g Schweineschmalz — dazugeben. Mit

Zimt, Nelken, Zucker, Salz — abschmecken und

100 g eingeweichte Rosinen — zugeben. Die Masse in

Rinderkranzdärme — füllen und zu Ringen abbinden. Etwa 45 Minuten bei 75 °C brühen.

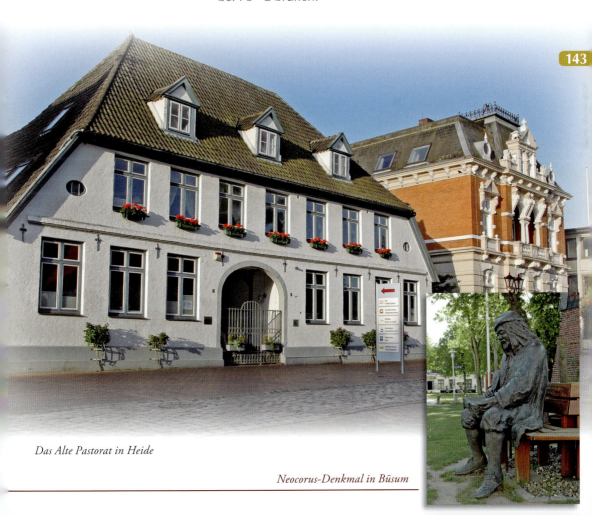

143

Das Alte Pastorat in Heide

Neocorus-Denkmal in Büsum

Dithmarscher Bauernrepublik

Dithmarschen ist eine Kulturregion, deren Grenzen seit dem Mittelalter Bestand haben. Hier hat sich mit dem Ausklang des Mittelalters und der beginnenden Renaissance eine eigenständige Geschichte entwickelt – die der Dithmarscher Bauernrepublik. Im Mittelalter war Dithmarschen formal den Bremer Erzbischöfen unterstellt. Da diese ihre Lehnshoheit aber nicht straff ausübten, konnte sich im Verlauf des 14. Jahrhunderts eine Selbstverwaltung aus einer Föderation eigenständiger Kirchspiele bilden.

Aufgrund der fruchtbaren Marschgebiete war Dithmarschen ein reiches Bauernland, das natürlich die Begehrlichkeiten der umliegenden Königs- und Fürstenhäuser weckte. Doch die gewaltsamen Unterwerfungsversuche scheiterten. Ein Ereignis aus der Zeit der Bauernrepublik kennt jeder Dithmarscher, obwohl seither bereits mehr als 500 Jahre vergangen sind: die Schlacht von Hemmingstedt am 17. Februar 1500. Damals marschierte ein schwer bewaffnetes Invasionsheer unter dem dänischen König und den verbündeten Holsteinischen Herzögen in die Dithmarscher Bauernrepublik ein. Das Heer dürfte etwa 12 000 Mann stark gewesen sein. Darunter 4000 erfahrene Kämpfer der gefürchtetsten Söldnertruppe jener Zeit, die sich auf die Unterwerfung von Bauernaufständen spezialisiert hatte: die berüchtigte Schwarze

In einem Diorama ist die Schlacht bei Hemmingstedt nachgestellt.

Garde. Dem Invasionsheer dürften etwa 3000 Dithmarscher Verteidiger gegenübergestanden haben.

Zur Schlacht kam es bei einer über Nacht aufgeworfenen Schanze. Zudem nutzten die Dithmarscher ihre guten Ortskenntnisse und öffneten ein etwa drei Kilometer entfernt liegendes Siel zur Nordsee. Die Flut setzte die zahlreichen Gräben und das tief liegende Marschenland unter Wasser. Das Heer musste so relativ bewegungsunfähig auf dem schmalen Landweg bleiben und konnte nicht ausweichen. Die Kämpfe mit der voran reitenden Schwarzen Garde konzentrierten sich an der Schanze. Die schwer bewaffneten Reiter konnten nicht eingesetzt werden, zudem ertrank ein Großteil des Heeres in den Fluten, der Rest versuchte in der ausbrechenden Panik zu fliehen.

Das dänisch/holsteinische Heer wurde vernichtend geschlagen, wobei die Dithmarscher reiche Beute machten. Darunter die Kriegskasse und die dänische Reichsflagge, aber auch einen Wagen voll mit gebratenen Hühnern. Die sollen bei der anschließenden Siegesfeier hoch willkommen gewesen sein. Die auf die siegreiche Schlacht von Hemmingstedt folgende Blütezeit der Dithmarscher Bauernrepublik dauerte aber nur zwei Generationen. In der »Letzten Fehde« von 1559 verlor Dithmarschen seine Unabhängigkeit.

145

Das Denkmal auf der Dusenddüwelswarft wurde 1900
anlässlich des 500. Jahrestages der Schlacht bei Hemmingstedt eingeweiht.

Leberwurst (ergibt 15 Gläser)

1 kg Schweineleber	roh durch die 3 mm Wolfscheibe drehen.
1 kg Schweinefleisch (z.B. Bauchfleisch)	und
1 kg mageres Schweinefleisch (Rippe oder Schulter)	mäßig weich kochen.
2 Lorbeerblätter, 1 Nelke	zur Kochbrühe zufügen. Das heiße Fleisch durch die 5 mm Wolfscheibe drehen.

pro kg Wurstmasse:

22 g Salz, 3 g Pfeffer	sowie
1 g Kardamom, 2 g Majoran (gerebelt)	
1 Zwiebel (geschnitten, leicht gedünstet)	unter die Leber rühren. Das durchgedrehte Fleisch unterrühren. Zum Schluss 150 ml heiße Fleischbrühe (Kochwasser) unterrühren. Die Masse in Gläser füllen und 50 Minuten bei 85 °C kochen.

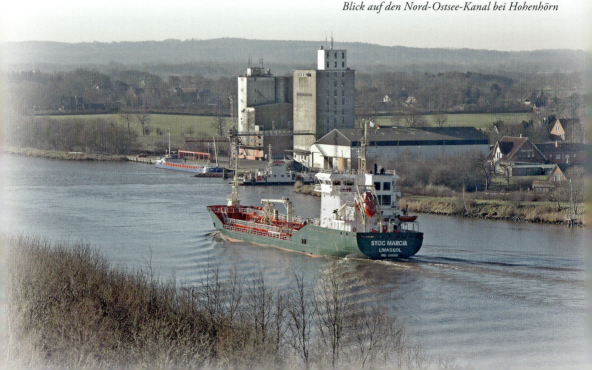

Blick auf den Nord-Ostsee-Kanal bei Hohenhörn

Heidefrühstück

3 kg durchwachsenes Schweinefleisch (Rippe oder Schulter)	mit
60 g Aspikpulver	und

pro kg Wurstmasse:

20 g Koch- oder Pökelsalz	
1 g Kümmel, 1 g Muskat	sowie
3 g Pfeffer (weiß)	durch die 5 mm Wolfscheibe drehen, gut vermischen und roh in die Gläser füllen. Bei 85 °C etwa 50 Minuten kochen.

Lungenwurst

147

4,5 kg Schweinefleisch (durchwachsen)	sowie
500 g Schweinelunge	mit

Wird als Einlage zu Eintöpfen gegessen.

pro kg Fleisch:

20 g Salz	
1 Prise Salpeter	
1 g Majoran	und
3 g Pfeffer (weiß)	vermengen.
2 Zwiebeln	pellen und grob würfeln. Durch die 5 mm Scheibe des Wolfes drehen, in Schweinedärme füllen. Räuchern, bis sie knüppelhart sind.

Mahnmal in Gudendorf

Fruchtige Sauce

1 Ananas	schälen, entkernen und in feine Würfel schneiden.
1 Orange	filetieren und den Saft aus dem Orangenkörper herauspressen.
150 g Aprikosenmarmelade	mit
150 g Kirschmarmelade	sowie
½ Bund Frühlingszwiebeln (fein geschnitten)	
3 Knoblauchzehen (fein gehackt)	
2 TL Chilisauce	
1 Ingwerwurzel (fein gehackt)	und
1 Prise Salz, Pfeffer	in einer Schüssel vermengen, bis eine Sauce entsteht. Dann die Ananas- und Orangenstückchen vorsichtig unterrühren.

148

Kirche in Barlt

Frenssen-Haus in Barlt

Grüne Sauce

8 EL Mayonnaise	mit
4 EL Crème fraîche	vermengen.
50 g Spinatblätter	und
5 Sauerampferblätter	kurz blanchieren. Die Blätter mit
½ Bund Petersilie	
je 1 EL Estragon, Kresse, Kerbel	pürieren, danach durch ein Haarsieb streichen. Das Püree unter die Mayonnaise-Creme ziehen.

Passt zu gebratenem und frittiertem Fisch.

Honig-Dill-Senfsauce

149

4 EL Olivenöl	mit
2 EL Orangensaft	
1 EL Weißwein-Essig	
1 EL milder Honig	
½ TL Senf	
1 EL gehackter Dill	sowie
Meersalz (fein, nach Belieben)	in ein hohes Gefäß geben, kurz mit dem Pürierstab aufmixen, abschmecken.

Löwenzahnsalat an Honig-Dill-Senfsauce

Von Büsum nach Helgoland

Helgoland, Deutschlands einzige Hochseeinsel, gehört zwar nicht zu Dithmarschen, sondern zum Kreis Pinneberg, doch starten in der Saison vom Nordseeheilbad Büsum aus Ausflugsschiffe zur roten Felseninsel. Bereits die Überfahrt kann zu einem kleinen Abenteuer werden. Hier draußen ist die See immer etwas rauer als in Küstennähe und bei starkem Wind macht das Schiff schon mal Bewegungen, die nicht jedem Magen zuträglich sind. Wer nicht ganz seefest ist, sollte daher einen ruhigen Tag für die Überfahrt wählen. Auch die Ankunft ist ein Erlebnis: Das Schiff bleibt

Helgoland mit Blick auf die lange Anna

außerhalb des Hafens auf Reede liegen, das Übersetzen der Fahrgäste erfolgt mit den typischen Helgoländer Börtebooten.

Durch ihre übersichtliche Größe – die Hauptinsel ist rund einen Quadratkilometer groß, die Düne mit 0,7 Quadratkilometern etwas kleiner – ist sie während des drei- bis vierstündigen Inselaufenthalts leicht zu erkunden. Mit ihren roten Buntsandstein-Formationen beeindruckt die Insel durch ihre landschaftliche Schönheit, die sich am besten durch den Rundweg entlang den 50 Meter hohen Steilküsten erschließt. Der Weg führt auch an der »Langen Anna« vorbei, einer 47 Meter hohen, frei stehenden Felsnadel am nördlichen Ende der Insel.

Auch Naturliebhabern bietet die Insel einige Besonderheiten, die sie sonst nirgends in Deutschland antreffen können. Beeindruckend sind die zahlreichen Seevögel, die in den roten, steil zum Meer abfallenden Klippen brüten und zum Teil aus nächster Nähe beobachtet werden können. Neben Dreizehenmöwen, Tordalken, Eissturmvögeln und Trottellummen brüten hier auch Basstölpel, die größten Seevögel des Nordatlantiks. Auch die Düne wartet mit einem besonderen Naturerlebnis auf. Aus nur wenigen Metern Entfernung lassen sich Seehunde und Kegelrobben beobachten, die an den Badestränden ruhen – an manchen Tagen sind es bis zu 500 Stück.

Vor der Rückfahrt sollte die Gelegenheit zu einem Einkaufsbummel genutzt werden, denn so günstig kann man sonst nirgendwo in Deutschland einkaufen. Zolltechnisch gilt Helgoland als Ausland und unterliegt somit nicht dem Steuerrecht der EU. Doch die Waren werden nicht nur zollfrei, sondern auch ohne Mehrwertsteuer angeboten. Es gibt natürlich gesetzliche Grenzen für den Einkauf, doch wer klug einkauft und auf Qualität bedacht ist, kann leicht die Kosten der Überfahrt wieder hereinholen. Neben Zigaretten und Alkohol (Zollbestimmungen beachten) lohnt sich auch der Einkauf von Schmuck, Parfüm, Marken-Textilien und optischen Geräten.

Kräuterbutter

Je 1 Bund Petersilie, Schnittlauch	sowie
1 Schalotte	
1 Knoblauchzehe	putzen, fein hacken, mit etwas
Zitronensaft	und
½ TL Salz	vermischen.
150 g weiche Butter	schaumig rühren, unter die gehackten Zutaten mischen und kräftig mit
Pfeffer (aus der Mühle)	abschmecken.

Kräuterschmand

152

Je 1 Bund Bärlauch, Petersilie	waschen und fein hacken. Mit
100 g Frischkäse	sowie
100 g Crème fraîche	
50 ml Sahne	
Salz, Pfeffer	und dem Saft von
½ Zitrone	verrühren und kalt stellen.

Surfbecken im Speicherkoog Dithmarschen

Lehrpfad am Naturschutz-Info-Zentrum im Speicherkoog Dithmarschen

Joghurt-Dip

5 Radieschen	waschen und fein hacken. Mit
250 ml Vollmilch-Joghurt	und
⅓ Salatgurke (gerieben)	
2 EL Crème fraîche	
1 EL Olivenöl	
5 Bärlauchblätter (fein geschnitten)	sowie dem Saft von
½ Zitrone	vermengen und vorsichtig mit
Salz, Zucker	abschmecken.

153

Rastende Weißwangengänse
im Speicherkoog Dithmarschen

Bärlauch-Pesto

15 Bärlauchblättchen (frisch oder TK)	mit
70 g Pinienkerne	
100 g Parmesan (frisch gerieben)	
250 ml gutes Olivenöl	im hohen Becher pürieren, nach Belieben abfüllen.

Preiselbeersauce mit Pfifferlingen

500 ml Grundsauce (Rezept S. 156)	erhitzen.
50 g Preiselbeeren (½ Glas)	hinzugeben und pürieren. In einem Extratopf
1 EL Butter	zerlassen.
2 kleine Zwiebeln (fein geschnitten)	und
200 g Pfifferlinge	darin anschwenken, dann unter die Sauce heben. Die Sauce mit ein paar Zesten von
1 Orange, 1 Zitrone	veredeln. Mit
50 ml Sahne	und
Salz, Pfeffer, Majoran	den »letzten Pfiff« verleihen.

154

Blick vom Albersdorfer Aussichtsturm

Sauce für Matjes »Hausfrauen Art«

2 mittelgroße Zwiebeln	schälen, vierteln und in dünne Scheiben schneiden, in eine Schüssel geben.
2 Gewürzgurken	vierteln, in dünne Scheiben schneiden, dazugeben.
2 Äpfel	schälen, entkernen, achteln und in dünne Scheiben schneiden, hinzufügen.
100 ml saure Sahne	sowie
100 ml Crème fraîche	
4 EL Mayonnaise	hinzugeben. Mit
je 1 Prise Salz, Zucker	und etwas
Zitronensaft	abschmecken und evtl. mit Gewürzgurkenfond verdünnen und verrühren.

Die Sauce nicht über den Matjes geben, sondern getrennt servieren.

155

Saucenansatz (Grundsauce)

1 kg klein gehackte Knochen (Schwein und/oder Kalb)	in
3 EL Öl	etwa 10 Minuten anrösten.
2 Karotten	sowie
1 Zwiebel	
½ Knolle Sellerie	in 2 cm große Stücke schneiden und zu den Knochen geben.
4 EL Tomatenmark	sowie
100 ml Rotwein	
1 Lorbeerblatt	
5 Pfefferkörner (schwarz)	hinzufügen und
500 ml Brühe	angießen, reduzieren lassen (3 x wiederholen). Das dient dem Geschmack und der dunklen Färbung.

156

Wattenlaufen: Urlaub zwischen Deich und Meer

Die Sonne im Meer versinken sehen. Dem Wasser zuschauen, wie es sich bei Flut lautlos das Land zurückerobert. Die Stille »hören«, die nur durch die Schreie einiger Vögel unterbrochen wird. Die sich ins Wasser stürzenden Seeschwalben bei ihren Fischzügen beobachten. Dies ist nur eine Art, die einzigartige Welt des Watts zu genießen. Es ist eine sehr erholsame Art des Wattenlaufens – entspannend, fast schon meditativ und sehr persönlich.

»Baden kann man überall, wo Wasser ist, Wattenlaufen nur an wenigen Orten.« »Wattenlaufen ist für uns das Schönste im ganzen Urlaub!« In diesem Punkt sind sich zahlreiche Feriengäste einig. Und es ist wirklich ein ganz besonderes Erlebnis, auf diesem Stück festen Lands zu gehen, das vor kurzem noch der Grund des Meeres war. Wohltuend ist es, die massierende Wirkung der Rippeln unter den Fußsohlen

Die Bediensteten im ehemaligen Hotel »Schloss am Meer«

zu spüren. Dabei darf sich auch schon mal etwas Schlick keck zwischen den Zehen hindurchzwängen. Die Bewegung in der gesunden, jodhaltigen Nordseeluft regt den Kreislauf an und stärkt die Abwehrkräfte. Wattenlaufen lässt sich auf vielerlei Art genießen. Anregend und entspannend ist es auf jeden Fall. Und die zahlreichen Angebote der Veranstalter nutzend, kann es je nach Temperament, Stimmung und Interessenlage auch informativ sein oder einen gewissen Spaßfaktor haben.

Bereits 1900 wurde in Büsum die erste Wattenpolonaise mit Musik zelebriert; eine Vergnüglichkeit, die noch heute zu den touristischen Zugpferden gehört. Der Spaß wird auch in Friedrichskoog großgeschrieben, wenn Neptun in den Sommermonaten die Badegäste mit Nordseewasser tauft. Die von verschiedenen Institutionen angebotenen naturkundlichen Führungen und die mehrstündigen Wattwanderungen mit orts- und sachkundigen Wattführern erweitern das Wissen und das Verstehen dieses einzigartigen Lebensraumes. Das Wattenlaufen lässt sich auf vielerlei Art erleben. Doch wofür der Wattenläufer sich auch entscheidet, es ist stets ein ganz besonderes Erlebnis – ein gesundes allemal.

157

Wattenlaufen mit Musik (hier um 1925) gehört im Nordseebad Büsum bereits seit mehr als 100 Jahren zum touristischen Angebot.

Wattenlaufen in Büsum

Tomaten-Specksauce

100 g durchwachsener Speck	fein würfeln und in
1 EL Öl	anbraten, bis er knusprig ist.
1 Zwiebel (fein gewürfelt)	dazugeben, 2 Minuten mit anbraten.
100 g Tomatenmark	und
3 EL Mehl	hinzufügen, gut verrühren. Nun nach und nach mit
Kohlfond (kalt)	angießen und gut verrühren, bis eine leicht cremige Konsistenz der Sauce erreicht ist. Vorsichtig mit
Salz, Pfeffer	abschmecken, da der Speck schon salzig ist.

Die mächtigen Fluttore des Eidersperrwerks

Eingang zum Kochstudio Thies Möller

Sauce Remoulade

2 Sardellen	und
12 Kapern	
1 Gewürzgurke	sehr fein hacken. Mit
8 EL Mayonnaise	
4 EL Crème fraîche	
½ TL mittelscharfer Senf	
Pfeffer (weiß)	sowie etwas
geriebener Apfel	und
1 EL gehackte Petersilie	verrühren und evtl. mit Gurkenfond nachschmecken.

Sahnemeerrettich

159

1 Spritzer Zitrone	mit
125 ml geschlagene Sahne	
2 TL Meerrettich (fein gerieben)	und
1 Prise Salz	verrühren. Fertig.

Sahnemeerrettich gehört klassisch zu Karpfen blau und Forelle blau, schmeckt auch gut zu Räucherlachs und Matjes.

Matjes-Fondue mit verschiedenen Saucen

Holunderblüten-Gelee

12 Holunderblüten-Dolden	in
2 l Apfelsaft	über Nacht ziehen lassen. Dann die Flüssigkeit abseihen und den Saft von
2 Zitronen	hinzugeben. Mit
2,5 kg Gelierzucker	etwa 4 Minuten sprudelnd kochen und in sterilisierte Gläser abfüllen.

Holunderbeer-Gelee

750 ml Holunderbeersaft	mit dem Saft von
1 Zitrone	und
1 kg Gelierzucker	in einem Topf mischen und aufkochen. 4 Minuten sprudelnd kochen lassen. Danach in Marmeladengläser füllen, gut verschließen.

> *Marmeladengläser auf den Kopf stellen und auskühlen lassen. Dadurch entsteht ein Vakuum.*

»Neue Anlage« in Heide

Die St. Jürgen-Kirche in Heide

Punschsauce

150 ml Rotwein	bei großer Hitze auf etwa 50 ml einkochen.
100 ml schwarzer Tee	mit
100 ml Orangensaft	
40 ml Rum	
25 ml Kirschwasser	
20 ml Portwein	
2 Nelken	sowie dem Mark von
1 Vanilleschote	und
1 Zimtstange, 50 g Zucker	in einem Topf erhitzen, 5 Minuten ziehen lassen, dann durch ein feines Sieb gießen.
25 g Stärke	mit wenig kaltem Wasser anrühren und den Fond damit binden. Den reduzierten Rotwein unterrühren, abkühlen lassen, kalt stellen.

161

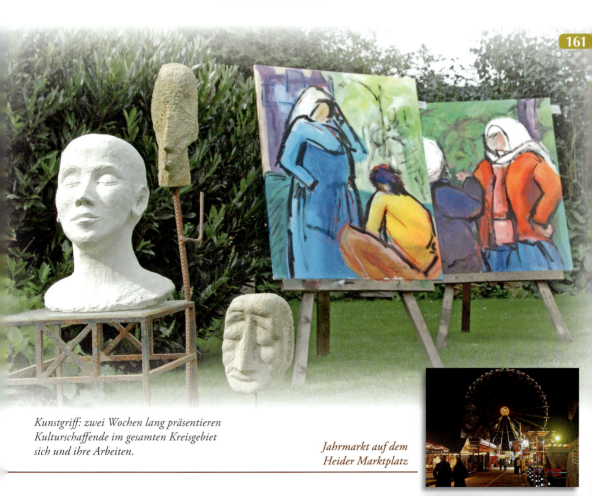

Kunstgriff: zwei Wochen lang präsentieren Kulturschaffende im gesamten Kreisgebiet sich und ihre Arbeiten.

Jahrmarkt auf dem Heider Marktplatz

Stachelbeerschaumsauce

700 g Stachelbeeren (1 Glas)	über ein Sieb geben und den Stachelbeersaft aufbewahren.
4 Eigelbe	mit
2 Eier	
2 Pck. Vanillezucker	
3 EL Zucker	
1 TL Stärke	sowie der geriebenen Schale von
1 Zitrone	verrühren, danach mit
300 ml trockener Weißwein	auffüllen und in einer Anschlag-Schüssel über Wasserdampf mit einem Schneebesen cremig schlagen. Die Masse muss dabei ständig in Bewegung gehalten werden. Zum Schluss 5 Esslöffel Stachelbeersaft und die Stachelbeeren vorsichtig unterrühren.

162

Einen Teil der Stachelbeersauce mit Kakaopulver einfärben. Die helle Stachelbeersauce auf dem Teller verteilen, nun vorsichtig mit einem Teelöffel kleine dunkle Punkte am Rand verteilen. Mit einem Holzstab (z.B. Schaschlik-Spieß) in der Mitte der Punkte durchziehen und schon entstehen, oh Wunder, Herzen.

Trischen-Damm in Friedrichskoog-Spitze – im Hintergrund eine Erdöl-Förderplattform

Zentrum von Marne mit der Brauerei

Eine Insel auf Wanderschaft

Eigentlich sollte man annehmen dürfen, eine Insel sei ein fixer Punkt im Meer – unverrückbar immer an der gleichen Stelle. Doch auch in dieser Beziehung gehen die Uhren bei uns in Dithmarschen etwas anders: Trischen, die einzige zum Kreisgebiet gehörende Insel, ist auf Wanderschaft.

Trischen ist eine halbmondförmige Sandinsel mit kleinen Dünen im Westen und Salzwiesen im Osten. Sie ist knapp drei Kilometer lang, misst an ihrer breitesten Stelle 1,5 Kilometer und ist derzeit etwa 1,8 Quadratkilometer groß. Die Insel entstand vor etwa 400 Jahren aus verschiedenen Sandbänken und Sänden. Da sie keinen festen Kern besitzt, ist sie den Strömungen der Nordsee ausgesetzt und verändert daher ständig ihre Gestalt und Lage. Die Dynamik lässt sich dadurch erkennen, dass sie bis heute im Schnitt jährlich etwa 30 Meter nach Osten wandert. Die Insel liegt heute etwa zehn Kilometer östlich ihres Entstehungsortes. Vom Beginn des 20. Jahrhunderts bis in die 1930er Jahre wurde Trischen landwirtschaftlich genutzt. In den 1920er Jahren wurde ein Koog eingedeicht und ein Bauernhaus gebaut, die jedoch der Wanderlust der Insel zum Opfer fielen.

163

Heute hat hier die Natur das Sagen. Die Insel gehört zur Kernzone des Nationalparks Schleswig-Holsteinisches Wattenmeer. Hier brüten tausende und Seevögel zigtausende Zugvögel benutzen die Insel als Rastplatz. Zudem ist sie das wichtigste Mausergebiet für die Brandgänse.

Alter Brunnen auf dem Meldorfer Marktplatz

Vanillesauce

1 l Milch	mit
100 g Zucker	
6 Eigelbe	
2 Eier	
20 g Stärke	sowie dem Mark von
1 Vanilleschote	in einer Schüssel über dem Wasserbad (darf nicht kochen) aufschlagen, bis eine cremige Konsistenz erreicht ist.

Eiweiß und Stärke ermöglichen einen festeren Stand und das Volumen der Sauce hält über 2 Stunden.

164

Das »Schloss Pahlen«, ein ehemaliges Herrenhaus, ist heute eine moderne Jugendherberge.

Rote Grütze mit Vanillesauce

Zwetschgenkompott

400 g Zwetschgen	abspülen, halbieren, entsteinen und in Spalten schneiden.
100 g Zucker	in einem Topf karamellisieren lassen. Mit
100 ml Orangensaft	und
100 ml Rotwein	ablöschen.
½ Zimtstange	
1 Vanilleschote (aufgeschnitten)	
1 Msp. gemahlene Nelken	hinzufügen, zum Kochen bringen und etwa 30 Minuten köcheln lassen.
10 g Speisestärke	mit
3 EL Wasser	anrühren, in den Sud geben, kurz aufkochen. Zwetschgen und
4 cl Zwetschgenwasser (nach Belieben)	hinzufügen und zum Kochen bringen. Den Topf von der Kochstelle nehmen. Die Zwetschgenspalten in dem Sud erkalten lassen. Zimtstange und Vanilleschote entfernen.

165

Hausboote an der Eider bei Pahlen

Die Seeschwalben gehören zu den elegantesten Vögeln der Nordseeküste.

Apfelsuppe

Von Sabine Averhoff

1 l Wasser	mit
1 EL Zucker	
4 Äpfel (geschält, geviertelt)	sowie
1 EL Anissamen	kurz kochen lassen, so dass die Äpfel nicht zerfallen.
1 EL Stärke	in etwas kaltem Wasser anrühren, die Suppe damit leicht andicken.
2 Eiweiße	mit
3 EL Zucker	steif schlagen.

Die Suppe in Teller füllen und jeweils 3 Klößchen aus Eischnee daraufsetzen.

Blick vom Tower des Eidersperrwerks auf den Innenhafen

Abendliche Idylle an der Eider

Blaubeer-Pfannkuchen

250 ml Milch	mit
40 g Zucker	und
4 Eigelbe	verquirlen. Mit
160 g Mehl	zu einem glatten, dünnflüssigen Teig verrühren.
4 Eiweiße	mit
1 Prise Salz	zu steifem Schnee schlagen und unter den Teig ziehen.
320 g Blaubeeren	verlesen, waschen und ebenfalls vorsichtig in den Teig einarbeiten.
Butterschmalz	in einer Pfanne erhitzen, den Teig portionsweise hineingeben und etwas backen lassen. Sobald die Unterseite goldgelb ist, den Pfannkuchen sehr vorsichtig drehen und von der anderen Seite backen. Den Pfannkuchen auf einen Teller geben und mit
1 EL Puderzucker	bestreuen.

167

Mit Minze garnieren.

Idyllische Reetdach-Häuser an der Eider

Blaubeer-Pfannkuchen

Dithmarscher Mehlbeutel

5 Eier	trennen. Eiweiße sehr steif schlagen. Eigelbe cremig rühren und dann
500 ml Milch	dazugeben.
½ TL Salz	hinzufügen.
500 g Mehl	sowie
1 Prise Kardamom	
1 TL Backpulver	unterrühren. Dann
100 g zerlassene Butter	sowie den Eischnee unterheben.
100 g Rosinen	in etwas
Mehl	wenden (mehlieren). Das Tuch, in dem wir unseren Mehlbeutel kochen, heiß durchspülen und in eine Schüssel legen, etwas Mehl einstreuen. Den Eierteig in das Tuch geben. Das Tuch mit einem Band diagonal fest zusammenbinden. Den Mehlbeutel in kochendes Wasser legen – Kochzeit: 1,5 Stunden.

168

Süße Variante: mit Stachelbeerschaumsauce (Rezept S. 162) servieren.
Deftige Variante: mit Kochwurst, Kasseler, Schweinebacke und Senfsauce servieren.

Alte Mehlbüddel-Formen

Aufgrund der guten Akustik werden im Meldorfer Dom auch Konzerte gegeben.

Errötendes Bauernmädchen

6 Eigelbe	mit
100 g Puderzucker	schaumig rühren.
6 Blatt rote Gelatine	in Wasser 5 Minuten einweichen, danach ausdrücken und gut mit der Eigelb-Puderzuckermasse verrühren.
6 Eiweiße	zu Schnee schlagen.
250 g rote Beeren	und den Eischnee unter die Masse heben und in eine Glasschüssel oder 4 Dessertschälchen füllen. 6 Stunden im Kühlschrank erkalten lassen.

Frequenzen – Weltmusikfestival in Meldorf

Antike Kochbuchsammlung

Immer auf der Lauer: Der Blanke Hans

»Heut bin ich über Rungholt gefahren,
Die Stadt ging unter vor fünfhundert Jahren.
Noch schlagen die Wellen da wild und empört,
Wie damals, als sie die Marschen zerstört.
Die Maschine des Dampfers schütterte, stöhnte,
Aus den Wassern rief es unheimlich und höhnte:
Trutz, Blanke Hans.«

Das sind die ersten Zeilen der Ballade »Trutz, Blanke Hans«, mit der der in Kiel geborene Lyriker Detlev von Liliencron (1844 bis 1909) den Begriff »Blanker Hans« allgemein bekannt machte. Das Lied beschreibt den Untergang des Kirchspiels Rungholt in der Marcellusflut (Grote Mandränke) am 16. Januar 1362.

»Blanker Hans« ist die poetische, aber auch respektvolle Bezeichnung für die Nordsee, wenn sie von Sturm gepeitscht gegen die Deiche anrennt und dabei ihr land-

Bei Sturmfluten zeigt der »Blanke Hans«
seine zerstörerische Seite.

Mühlrad der alten Wassermühle in Albersdorf

fressendes Gesicht zeigt. Jeder, der an der Küste lebt, kennt den Begriff. Weniger bekannt ist hingegen, woher der Begriff stammt und seit wann er verwendet wird.

Die erste schriftliche Erwähnung findet sich in den Aufzeichnungen von Anton Heimreich (1626 bis 1685) – Pfarrer auf Nordstrand und Verfasser der ältesten erhaltenen Chronik Nordfrieslands. Nach ihm geht der Name »Blanker Hans« auf einen Deichgrafen von Risum zurück. Zu Beginn des 17. Jahrhunderts soll dieser nach der Fertigstellung eines neuen Deiches der Nordsee herausfordernd »Trutz nun, blanker Hans« entgegengerufen haben. Kurze Zeit später – während der Burchardiflut (2. Grote Mandränke) am 11. Oktober 1634, bei der auch die damals noch vorhandene Insel Strand in die beiden Teile Nordstrand und Pellworm zerrissen wurde – brach dieser Deich jedoch, der »Blanke Hans« schlug zu. Zahlreiche Menschen ertranken, Ortschaften wurden zerstört und ganze Landstriche fruchtbaren Kulturlandes vernichtet.

Um mit Liliencron zu schließen:
»Ein einziger Schrei, die Stadt ist versunken.
Und Hunderttausende sind ertrunken.
Wo gestern noch Lärm und lustiger Tisch,
schwamm andern Tags der stumme Fisch.
Heut bin ich über Rungholt gefahren.
Die Stadt ging unter vor fünfhundert Jahren.
Trutz, Blanke Hans?«

171

Im Archäologisch-Ökologischen Zentrum Albersdorf wurden
Häuser der Jungsteinzeit nach Original-Befunden rekonstruiert.

Im Archäologisch-Ökologischem Zentrum Albersdorf
wird auch experimentelle Archäologie betrieben.

Gebackene Holunderblüten mit Fruchtsauce

Der Teig

200 g Weizenmehl	in eine Rührschüssel sieben.
250 ml Weißwein	sowie
2 EL Öl	
2 Eigelbe	
10 g Zucker, 1 Prise Salz	hinzufügen. Die Zutaten mit einem Schneebesen nur kurz verrühren, damit der Teig nicht zäh wird.
2 Eiweiße	steif schlagen und unterheben.

Die Zubereitung

700 g Pflanzenfett oder Butterschmalz	in einem Topf oder in einer Fritteuse auf etwa 180 °C erhitzen.
12 Holunderblütendolden	vorsichtig abspülen, trocken tupfen und mit

172

Krokus-Blüte vor der Weddingstedter Kirche

Puderzucker	bestäuben. Durch den Puderzucker bleibt der Teig besser haften. Die Dolden an den Stielansätzen anfassen, durch den Ausbackteig ziehen und in dem Ausbackfett knusprig backen. Holunderblütendolden mit der Schaumkelle herausnehmen, kurz auf Küchenpapier legen und abtropfen lassen.
2 EL Zucker, 1 TL Zimt	mischen. Die Holunderblütendolden sofort in Zimtzucker wenden und mit der Fruchtsauce und einigen Obstspalten anrichten.

Obstspalten und Fruchtsauce

500 ml Pfirsichsaft	mit
100 g Zucker	sowie
2 EL Zitronensaft	erhitzen und leicht köcheln lassen.
Je 2 Pfirsiche, Nektarinen, Aprikosen	waschen (einige Spalten für die Garnierung aufbewahren), klein schneiden und zum Pfirsichsaft hinzufügen. So lange köcheln lassen, bis das Obst gar ist und alles pürieren. Die pürierte Flüssigkeit durch ein Haarsieb passieren.

173

Dithmarscher geeiste Apfelsuppe

500 g Boskop Äpfel	sowie
500 g Holsteiner Cox	schälen, entkernen und in Stücke schneiden. 1 Apfel für die Garnierung aufbewahren. Die Apfelstücke mit
300 g Zucker	sowie
1 EL Sago	in
500 ml naturtrüber Apfelsaft	köcheln lassen. Auf ein Tuch geben und gut ablaufen lassen (nicht durchdrücken). Kühl stellen oder in Eiswasser kühlen. Die kalte Apfelsuppe mit
50 ml Apfelschnaps	verrühren, in tiefe Teller geben und
Grießklößchen (Rezept S. 133)	einsetzen.

Mit Minzblättern und Apfelspalten garnieren.

174

Das Skatclub-Museum in Marne

Die Hasenelster in der Marner Innenstadt

Gefüllter Bratapfel

4 schöne rote Äpfel	waschen, die Stängel keilförmig ausschneiden. Mit einem Ausstecher die Kerngehäuse und die Blüte ausstechen.
3 EL Rosinen	waschen und mit
4 cl Eierlikör	
2 EL Zucker	
1 Msp. Zimt	sowie
2 EL gehobelte Mandeln	und
40 g Marzipanrohmasse	in einer Schüssel verrühren. Dieses Gemisch in die Äpfel einfüllen und festdrücken. Auf das Backblech etwas Wasser und den Saft von
½ Zitrone	geben, so dass der Boden bedeckt ist. Darauf die Äpfel verteilen und im vorgeheizten Backofen bei 180 °C etwa 10 Minuten backen.

Dazu passt Vanillesauce (Rezept S. 164).

175

Altes Foto-Atelier im Bürgerhaus Marne

Gefüllter Bratapfel

Fliederbeersuppe

500 g Fliederbeeren	in
2 l Wasser	aufsetzen und 15 Minuten köcheln lassen. Dann durch ein Sieb geben, wieder erhitzen.
4 Äpfel	schälen, vierteln, dazugeben, weich kochen (sie dürfen aber nicht zerfallen).
50 ml Rotwein	sowie
1 Msp. Nelkenpulver	
1 Msp. gemahlener Zimt	hinzufügen.
20 g Stärke	mit etwas
Apfelsaft	verrühren, die Suppe aufkochen und mit der Stärke binden, mit etwa
150 g Zucker	abschmecken.

Dazu schmecken am besten Grießklößchen (Rezept S. 133). Auch Quitten eignen sich anstelle von Äpfeln gut als Einlage und zur Geschmacksverbesserung.

Abendspaziergang im Watt

Fliederbeersuppe

Lebkuchen-Mousse

200 g Lebkuchen (ohne Oblaten, zartbitter)	in kleine Stücke schneiden. Das Mark von
1 Vanilleschote	auskratzen, mit
200 ml Milch	aufkochen, etwas abkühlen lassen und über die Lebkuchen gießen.
6 Blatt Gelatine	in kaltem Wasser einweichen.
4 Eier	2 Eier und 2 Eigelbe über heißem Wasserbad schaumig schlagen, die Gelatine ausdrücken und unter Rühren im Eierschaum auflösen. Masse aus dem Wasserbad nehmen.
500 ml Sahne	und 2 Eiweiße mit je 10 g von
20 g Zucker	getrennt steif schlagen und nacheinander unter die Eier-Masse heben. Die Schale von
½ Orange (unbehandelt)	und
½ Zitrone (unbehandelt)	reiben und den Saft der Orange auspressen. Beides mit
40 ml Rum	zur Lebkuchenmasse geben und dann mit der Eiermasse vermengen. Die Lebkuchen-Mousse in kleine Schälchen füllen und etwa 1 Stunde im Kühlschrank kühlen.

Dazu passt Punschsauce (Rezept S. 161).

Mit dem Raddampfer Freya sind Ausflugsfahrten auf dem Nord-Ostsee-Kanal möglich.

Lebkuchen-Mousse

Durch eine idyllische Fluss-Landschaft

Die Nordgrenze Dithmarschens bildet die Eider, ein Fluss, der nicht nur eine Grenze bildet, sondern als Handelsweg von alters her auch verbindendes Element war. Eine der berühmtesten Persönlichkeiten, die die Eider befuhren, war der berühmte Schriftsteller Jules Verne, der im Juni 1881 von Tönning aus mit seiner Privat-Yacht »Saint Michel« die Eider aufwärts fuhr, um anschließend weiter durch den in Rendsburg beginnenden Eider-Kanal in die Ostsee zu gelangen. Mit dabei war sein Bruder Paul, der in seinen Aufzeichnungen berichtete: »Zunächst fährt man von hier aus also den reizenden Eiderfluss hinauf, der sich in unzähligen Krümmungen dahinwindet. Oft kommt man ganz nahe an dem Punkt wieder zurück, wo man vorher war, und ich schätze die Länge der Wasserstraße von Tönning nach Rendsburg zu mindestens hundertfünfzig Kilometer, während die Luftlinie gewiss nicht mehr als etwa achtzig beträgt.«

Die beschauliche Reise von damals kann auch heute noch nachempfunden werden, denn in den vergangenen 125 Jahren hat sich der Lauf der Eider nicht wesentlich verändert. Auf den rund neun Stunden dauernden Schiffsausflügen von Tönning nach Rendsburg kann die Eider nicht auf ganzer Länge befahren werden, ab der Gieselau-Schleuse führt die Fahrt parallel zur Eider auf dem Nord-Ostsee-Kanal nach Rendsburg.

Auf einer Länge von knapp 20 Kilometern, bis zur Schleuse Nordfeld, ist die Eider durch den Tidenhub geprägt. Bei Niedrigwasser fallen Wattflächen frei, die zahlreichen Vogelarten – Möwen, Gänsen, Watvögeln – als Nahrungsraum dienen. Die Schleuse von Nordfeld haben die Brüder Verne noch nicht zu Gesicht bekommen – mit ihrem Bau wurde erst gut 50 Jahre später begonnen. Gesehen haben dürften sie aber die Fischer im Eidervorland vor der Schleuse. Wie vor 125 Jahren werden Fische in Reusen gefangen, die die Fischer bei Niedrigwasser mit ihren kleinen Booten leeren.

*Die Eider hat noch nichts
von ihrer Beschaulichkeit verloren.*

Die Schleusungen (zwei weitere folgen in Lexfähre und am Giselau-Kanal) gehören zu den von den Fahrgästen mit Spannung verfolgten Höhepunkten der Reise. Von dem Kapitän fordert die Einfahrt in die Schleusenkammer Konzentration und Fingerspitzengefühl, denn bei einer Breite von 8,60 Metern bleibt zwischen Schiffsrumpf und Schleusenwand nicht mehr viel Platz. »Die Schleuse ist der sicherste Platz für das Schiff, da kann es nicht umkippen«, sagt Kapitän J. Lorenz nach getaner Arbeit. Nach der Schleuse Nordfeld ändert sich das Bild der Eider. Gemächlich, teils in engen Schleifen, schlängelt sich der Fluss durch die weite, von Mooren geprägte Landschaft. Bäume säumen den Fluss, der stets gleich hohe Wasserstand lässt Schilf- und Seerosenbestände wachsen. Kormorane und Graureiher begleiten jetzt das Schiff. Die Landschaft strahlt eine stimmungsvolle Gelassenheit aus, die sich wohltuend auf alle Sinne auswirkt.

179

Es ist immer wieder ein faszinierendes Erlebnis, die Schiffe in den Schleusen von Brunsbüttel zu sehen.

Das 1973 erbaute Eidersperrwerk ist auch ein beliebtes Ausflugsziel.

Ofenkater

Der Teig

1 Würfel Hefe	in
300 ml Milch (lauwarm)	auflösen und mit
3 Eier	
450 g Mehl	
100 ml Öl	
1 Pck. Backpulver	sowie
1 Prise Salz	verkneten. Den Teig in einer abgedeckten Schüssel an einem warmen Ort 30 Minuten aufgehen lassen. Den Teig dann nochmals verkneten und eine Kastenform mit
Speckstreifen	auslegen. Den Teig hineingeben und nochmals aufgehen lassen. Dann im Ofen bei 180 bis 200 °C etwa 40 Minuten backen.

Die Apfelsauce

50 g Zucker	karamellisieren, mit
Apfelsaft	ablöschen und mit
Stärke	binden. Dann einige
Apfelspalten	kurz darin erwärmen und mit
2 cl Calvados (nach Belieben)	verfeinern.

Gourmet-Erdbeeren »Dithmarscher Art«

500 g frische Erdbeeren	waschen, abtropfen lassen, entstielen, mit
3 EL Zucker	bestreuen und etwa 15 Minuten ziehen lassen. Für die Creme
2 Eigelbe	mit
3 EL Zucker	und
1 Pck. Vanillezucker	
2 cl Cognac	sowie
1 Msp. geriebene Muskatnuss	10 Minuten mit dem elektrischen Schneebesen sehr schaumig verrühren. Die Creme muss eine sehr feste Konsistenz bekommen.
100 ml Sahne	steif schlagen und vorsichtig unter die Eigelbmasse heben.
1 EL Eierlikör	vorsichtig einarbeiten. Die Erdbeeren gleichmäßig auf Tellern verteilen und darüber die Creme ziehen.

181

Mit Blättern von Zitronenmelisse oder Minze und Schokoraspeln garnieren.

Orangen-Buttermilch-Kaltschale

6 Orangen	davon 3 entsaften und 3 filetieren.
5 Eier	in einen Anschlagkessel geben und verschlagen.
500 ml Milch	in einem Topf erhitzen und kurz vor dem Kochen in den Anschlagkessel zu den Eiern geben. Den Kessel auf ein heißes Wasserbad stellen und die Eier-Milchmasse auf 85 °C aufschlagen, dadurch wird die Masse dick (puddingartig) und cremig. Danach die Masse durch ein Haarsieb streichen und in einer Schüssel auf Eiswasser kühlen, damit sie schneller erkaltet, dabei immer wieder umrühren. In die abgekühlte Masse nun
2 l Buttermilch	sowie den Orangensaft und den Saft von
½ Zitrone	
2 cl Cointreau	und
3 TL Zucker	hineingeben und gut verrühren. Die Suppe in tiefen Tellern anrichten und mit den Orangenfilets sowie
4 Blättchen Zitronenmelisse	garnieren.

182

Dazu passen Grießklößchen (Rezept S. 133).
Die Kaltschale soll eine erfrischende Wirkung haben,
deshalb nur die Vollmilch erhitzen.

Tellingstedt – Ortsansicht vom Westen

Orangen-Buttermilch-Kaltschale

Pförtchen

4 Eier	trennen und die Eiweiße zu steifem Schnee schlagen.
750 g Mehl	mit den Eigelben sowie
1 Prise Salz	
500 ml Buttermilch	
500 ml Milch	
1 EL Puddingpulver	und
1 TL Backpulver	gut verrühren. Danach den Eischnee vorsichtig unterheben. Die Pförtchenpfanne erwärmen und in jede Mulde etwas
Öl	geben. Die Masse einfüllen, mit 2 Esslöffeln drehen und goldgelbe Pförtchen backen. Die Pförtchen mit gesiebtem
Puderzucker	bestreuen.

Dazu passt Stachelbeerschaumsauce (Rezept S. 162).

183

Die Mühle Aurora in Weddingstedt

Parfait vom Rapsblütenhonig

250 ml Milch	aufkochen.
4 Eigelbe	mit dem Mark von
½ Vanilleschote	und
200 g Rapsblütenhonig	schaumig rühren. Die warme Milch vorsichtig unterheben und über dem Wasserbad cremig schlagen. So lange rühren, bis die Masse kalt ist.
250 ml Sahne	steif schlagen, unter die Parfaitmasse heben und in kleine Förmchen füllen. Im Tiefkühlfach mindestens 3 Stunden kühlen. Auf Teller stürzen und mit
250 g frische Himbeeren	servieren.

Als Garnierung mit etwas Honig beträufeln.

Schon von weitem ist die Silhouette der St. Bartholomäus-Kirche mit dem markanten Zwiebelturm sichtbar.

184

Parfait vom Rapsblütenhonig

Quarkknödel

1 Bio-Orange	heiß abwaschen, trocknen und die Schale fein abreiben. Orange auspressen.
1 Vanilleschote	aufschneiden, das Mark herauskratzen – die leere Schote für das Kompott aufbewahren. Vanillemark und
60 g weiche Butter	sowie
60 g Zucker	in einer Rührschüssel mit dem Handrührgerät schaumig schlagen.
2 Eier	und
2 Eigelbe	nach und nach unterrühren. Orangenschale und 3 bis 4 Eßlöffel Orangensaft hinzugeben.
400 g Speisequark (Magerstufe)	und
280 g Weißbrotwürfel (ohne Rinde)	unterrühren. Quarkmasse zugedeckt etwa 2 Stunden in den Kühlschrank stellen. In einem großen Topf so viel Salzwasser zum Kochen bringen, dass die Knödel in dem Wasser »schwimmen« können. Aus der Quarkmasse mit angefeuchteten Händen gleich große Knödel (Ø 5 cm) formen. Die Knödel in das kochende Salzwasser geben und etwa 10 Minuten ohne Deckel gar ziehen lassen. Das Wasser muss sich leicht bewegen. Die Knödel mit einer Schaumkelle aus dem Wasser nehmen und gut abtropfen lassen.
100 g Butter	in einer Pfanne zerlassen.
50 g Semmelbrösel	und
1 EL Zucker	hinzugeben, unter Rühren anrösten. Knödel darin wälzen, herausnehmen.

185

Dazu passt Zwetschgenkompott (Rezept S. 165). Für jede Portion etwas Zwetschgenkompott auf einen Teller geben, heiße Knödel darauf legen und sofort servieren.

Der Steinwälzer ist zur Zugzeit ein recht häufiger Gast an der Nordseeküste.

Rode Grütt

Fragt man Schleswig-Holsteiner jeden Alters nach landestypischen Gerichten, so fällt als erstes der Name »Rode Grütt«: Und auch außerhalb der Landesgrenzen ist die Rote Grütze bekannt und beliebt. Fragt man genauer nach der Zubereitungsart, so hört man schnell: »Da kann man doch gar nichts falsch machen, was soll es denn da schon für Unterschiede geben!« Jede Hausfrau hat ihr eigenes Rezept und jede glaubt aus gutem Grund, dass alle anderen ihre Grütze ebenso kochen. Da aber irrt sie. Kennt man die Entstehungsgeschichte der Roten Grütze, so hat man den Schlüssel für die vielen verschiedenen Arten, die es in Wirklichkeit gibt. Lassen wir Paul Lenz (mein ehemaliger Lehrchef) erzählen:

»In Schleswig-Holstein gibt es vielerlei Grützen von vielerlei Früchten – von Birnen, Äpfeln, Aprikosen, Himbeeren, Johannisbeeren, Pflaumen oder auch von gemischtem Obst. Früher wurde zum Eindicken wirklich Grütze genommen. Sie war auf jedem Hof vorhanden – Buchweizengrütze oder Gerstengrütze, Hafer- oder Weizengrütze. Später nahm man Grieß oder auch Kartoffelmehl. Diese Grützen waren besonders in der heißen Jahreszeit die Hauptmahlzeit, wenn die ganze Familie auf dem Felde arbeitete. Ein großer Topf mit der Grütze wurde zur Kühlung in den Graben gestellt, Milch oder Säfte daneben. Sehr häufig wurde sogar eine Kuh auf der Weide gemolken, dann gab es ganz frische Grütt mit Melk.«

Rodegrütt, Rodegrütt!
Kiek mol, wat lütt Heini itt.
Allns rundum hett he vergeten
Rodegrütt, dat is en Eten!
(Herman Claudius)

St. Michaelis-Kirche in St. Michaelisdonn

Rote Grütze

Je 100 g Sauerkirschen (entsteint), schwarze Johannisbeeren, Brombeeren, Himbeeren, Erdbeeren säubern und vorbereiten. Ein Drittel des Obstes mit

300 ml Sauerkirschsaft

200 g Zucker

1 Vanilleschote (aufgeschnitten)

1 Stange Zimt sowie der geriebenen Schale von

1 unbehandelte Zitrone zum Kochen bringen. Den Topf sofort vom Herd nehmen.

2 geh. EL Stärke mit

50 ml Rotwein anrühren, unter die Früchte rühren, einmal aufkochen, Vanilleschote herausnehmen, ausschaben und das Mark in die Grütze rühren. Die Zimtstange herausnehmen. Ein Drittel des Obstes pürieren und unter die fertige Grütze rühren. Nicht mehr kochen. Das letzte Drittel der Früchte unter die Grütze heben.

187

Die Grütze wird kalt gegessen. Dazu passt Vanillesauce (Rezept S. 164).

Die große Wehle in Westerdeichstrich ist ein Zeugnis vergangener Deichbrüche.

Rote Grütze in der Entstehung

Quarkpfannkuchen mit Orangenscheiben

2 Orangen (unbehandelt)	so dick schälen, dass die weiße Haut entfernt wird, dann in Scheiben schneiden.
225 g Mehl	mit
3 TL Backpulver	mischen.
150 g Speisequark (20 % Fett)	mit
4 Eier	und
125 ml Milch	sowie
2 EL Zucker, 1 Prise Salz	verquirlen. Quarkmasse unter die Mehlmischung ziehen und alles kurz zu einem nicht zu glatten Teig verrühren. Etwas
Butterschmalz	in einer großen Pfanne erhitzen und kleine Teigportionen (Ø 8 cm) in die Pfanne gießen. Bei mittlerer Hitze von jeder Seite in 3 bis 4 Minuten goldbraun braten. Aus der Pfanne nehmen, erneut etwas Butterschmalz erhitzen und restliche Pfannkuchen ausbacken. Die fertigen Pfannkuchen warm halten. Pfannkuchen mit
Puderzucker	bestäuben und mit Orangenscheiben auf Teller geben. Nach Belieben
Holunderblütensirup	und
Vanilleeis	dazu reichen.

188

Sollen die Pfannkuchen besonders locker werden, dürfen Sie den Teig nicht zu lange rühren. Falls noch ein paar Klümpchen vorhanden sind, ist das kein Problem. Sie lösen sich beim Backen von allein auf.

St. Secundus-Kirche in Hennstedt

Rhabarber-Erdbeer-Grütze

4 Stangen Rhabarber	waschen, evtl. abziehen, in gleich große Stücke schneiden und in einem Topf mit
1 l Fliederbeersaft (oder anderer roter Fruchtsaft)	sowie
1 Zimtstange	
4 – 5 EL Zucker	sowie Zesten und Saft von
½ Zitrone	etwa 5 Minuten köcheln lassen. Den Rhabarber mit einer Schaumkelle herausheben.
500 g Erdbeeren	waschen und vierteln. Die Hälfte der Erdbeeren pürieren.
4 EL Stärke	mit 2 bis 3 Esslöffel Saft verrühren. Den Saft im Topf aufkochen lassen und die Stärke einrühren, bis die gewünschte Konsistenz erreicht ist. Nun den Rhabarber wieder hinzufügen, ebenso die pürierten und geviertelten Erdbeeren, evtl. mit Zucker nachschmecken.

Dazu passen Schokoladenküchlein (Rezept S. 201).

189

Weinsuppe

250 g Perlgraupen	in
3 l Wasser	etwa 25 Minuten gar kochen.
1 Stange Zimt	sowie
250 g Rosinen	
2 Bio-Zitronenscheiben	und
1,5 l Weißwein	in den Topf geben.
5 Eier	mit
10 EL Zucker	in einer Schüssel sehr schaumig schlagen und damit die Suppe legieren (die Suppe darf nicht mehr kochen). Die Suppe mit Zucker abschmecken und mit
4 cl Rum	verfeinern.

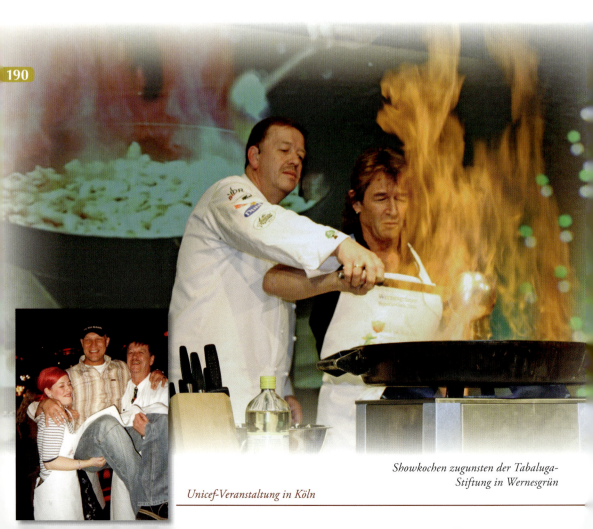

190

Showkochen zugunsten der Tabaluga-Stiftung in Wernesgrün

Unicef-Veranstaltung in Köln

Sauerkirschsüppchen

400 g Magerquark	in ein Tuch geben und gut ausdrücken; er sollte möglichst trocken sein. Die Hälfte von
100 g weiche Butter	mit
100 g Zucker	schaumig rühren. Nach und nach
2 Eier, 2 Eigelbe	zugeben, unterrühren. Dann den Quark sowie das Mark von
1 Vanilleschote	unterheben.
250 g Weißbrot	entrinden, fein würfeln, mit der Quarkmasse gut vermischen und zugedeckt 1 Stunde in den Kühlschrank geben. Inzwischen in einem Topf
100 g Zucker	hellbraun karamellisieren, mit
150 ml roter Portwein	ablöschen und mit
500 ml Sauerkirschsaft	auffüllen. Das Ganze bei schwacher Hitze etwa 15 Minuten einköcheln lassen. Die Kirschsuppe mit
4 TL Speisestärke (angerührt)	binden und mit dem Saft von
½ Zitrone	abschmecken.
250 g Sauerkirschen (entsteint; frisch oder TK)	in die Suppe geben und etwa 20 Minuten darin ziehen lassen. Aus der gekühlten Quarkmasse mit angefeuchteten Händen Knödel formen und diese in leicht siedendem Salzwasser etwa 10 Minuten ziehen lassen. Die restliche Butter (50 g) in einer Pfanne aufschäumen und
50 g Semmelbrösel	
1 EL Spekulatius-Gewürz	untermischen. Knödel abtropfen lassen, in der Bröselbutter wälzen und mit
2 EL Puderzucker	bestäuben.

191

Süppchen sowie einige Kirschen in Teller verteilen, Knödel daraufgeben und servieren.

Kochkurs mit Thies Möller

Apfelküchlein mit Eis und Vanillesauce

250 g Butter	zerlassen und etwas erkalten lassen.
200 g Zucker	sowie
1 Pck. Vanillezucker	hinzufügen und so lange rühren, bis Butter und Zucker weißschaumig geworden sind.
4 Eier	nach und nach unterrühren.
1 Prise Salz	hinzugeben und gut verrühren.
125 g Mehl	mit
125 g Stärke	und
½ TL Backpulver	sieben, esslöffelweise dazugeben, unterrühren.
2 Äpfel (säuerlich)	schälen und raspeln, vorsichtig unter den Teig heben. 10 bis 12 Förmchen mit
Butter	ausfetten und den Teig hineinfüllen, bei 180 °C etwa 15 Minuten backen.

*Vanillesauce (Rezept S. 164) in 4 tiefe Teller füllen, in der Mitte
1 bis 2 Apfelküchlein platzieren. Mit Vanilleeis servieren.*

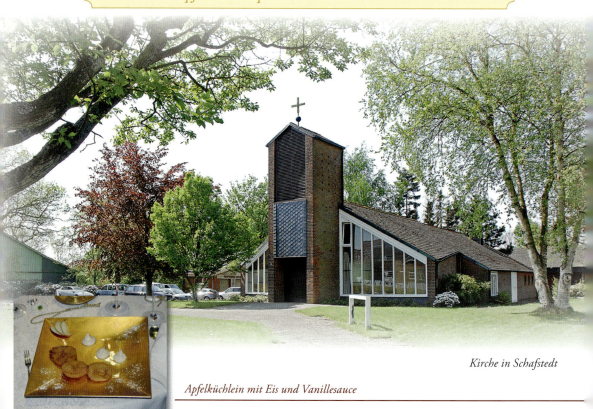

Kirche in Schafstedt

Apfelküchlein mit Eis und Vanillesauce

Hausgebackene weiche Brötchen

1 Würfel frische Hefe	in
500 ml Wasser (lauwarm)	auflösen. Mit
1 kg Mehl, 1 EL Salz	sowie
125 ml Öl	verkneten. Den Teig 30 Minuten an einem warmen Ort aufgehen lassen, danach noch einmal durchkneten und kleine Brötchen formen. Nochmals an einem warmen Ort aufgehen lassen, bis sie das Doppelte an Volumen erreicht haben. Bei 180 °C etwa 10 Minuten backen.

Heiße Wecken

500 ml Milch	leicht erwärmen und
2 Würfel frische Hefe	darin mit den Händen vergreifen, bis sie vollständig aufgelöst ist.
1 kg Mehl	in eine Schüssel geben und mit der Hefemilch sowie
375 g Butter	
125 g Zucker	
250 g Rosinen	
1 Prise Kardamom	verkneten. Kugeln formen und diese mit einem Rollholz etwas ausrollen und auf ein mit Backpapier ausgelegtes Blech legen. 30 Minuten an einem warmen Ort oder im Backofen bei 45 °C gehen lassen. Dann bei 180 °C etwa 15 bis 20 Minuten backen. Nach dem Backen mit
100 g Butter (zerlassen)	bepinseln.

193

Schmecken am besten warm, ideal zum Kaffee.

Hausgebackene weiche Brötchen

Butterkuchen

2 Würfel Hefe	in
300 ml Milch (lauwarm)	auflösen. Nun
1 kg Mehl	und
350 g weiche Butter	
2 Eier	
1 Prise Salz, 80 g Zucker	sowie
70 g Rosinen	hinzufügen, gut miteinander verkneten. In eine Schüssel geben und mit einem Tuch abgedeckt 30 Minuten an einem warmen Ort gehen lassen. Danach den Teig erneut durchkneten und auf ein mit
Butter	gefettetes Backblech ausrollen. In den Teig kleine Vertiefungen drücken und in diese kleine
Butterflöckchen (250 g)	geben.
300 g Hagelzucker, Zimt	mischen und auf dem Kuchen gleichmäßig verteilen.
70 g Mandelblättchen	darüber verteilen. Bei 220 °C etwa 20 bis 30 Minuten backen. Den heißen Butterkuchen mit
250 ml saure Sahne	einpinseln.

194

*Butterkuchen nach dem Rezept
meiner Ur-Ur-Ur-Ur-Großmutter*

Papierboot-Regatta im Büsumer Hafen

Gedeckte Apfeltorte

Der Teig

300 g Mehl	mit
2 TL Backpulver	mischen, auf die Tischplatte geben, eine Vertiefung eindrücken.
100 g Zucker	sowie
1 Pck. Vanillezucker	
1 Prise Salz	
½ Eigelb, 1 Eiweiß	und
1 EL Milch	in die Vertiefung geben und mit einem Teil des Mehls zu einem dicken Brei verarbeiten.
150 g kalte Butter	in Stücke schneiden, auf den Brei geben, mit Mehl bedecken, von der Mitte aus alle Zutaten schnell zu einem glatten Teig verkneten, sollte er kleben – eine Zeit lang kalt stellen. Nun knapp die Hälfte des Teiges auf dem Boden einer mit Butter gefetteten Springform ausrollen und mehrmals mit einer Gabel einstechen. Etwa 15 bis 20 Minuten bei 200 °C backen.

195

Die Apfelfüllung

50 g Rosinen	waschen und gut abtropfen lassen.
5 kg Äpfel	schälen, vierteln, entkernen, in Stücke schneiden und mit den Rosinen sowie
1 EL Wasser	
½ TL gemahlener Zimt	und
50 g Zucker	unter Rühren dünsten, etwas abkühlen lassen, mit
2 cl Rum	abschmecken. Den übrigen Teig zu einer Platte in der Größe der Springform ausrollen, den Rest zu einer Rolle formen, sie als Rand auf den vorgebackenen Boden legen, so an die Form drücken, dass ein 3 cm hoher Rand entsteht. Die Füllung auf den Boden streichen, die Teigplatte darauf legen.
½ Eigelb, 1 EL Milch	verschlagen, die Teigplatte damit bestreichen, mit einer Gabel mehrmals einstechen und bei 200 °C etwa 25 bis 30 Minuten backen.

*Gedeckte Apfeltorte nach dem
Rezept von Oma Lissy*

Zu Gast bei Literaten und dem Komponisten

Im 19. Jahrhundert sind aus Dithmarschen hervorragende Persönlichkeiten der deutschen Literatur hervorgegangen, deren Andenken an originalen Schauplätzen geehrt wird. Zudem befindet sich hier das Stammhaus einer der größten deutschen Komponisten.

»Agnes Bernauer« und »Maria Magdalena« gehören zu den großen bürgerlichen Dramen des 19. Jahrhunderts. Geschrieben wurden sie von Friedrich Hebbel, der am 18. März 1813 in Wesselburen das Licht der Welt erblickte. Das Hebbel-Museum befindet sich in der ehemaligen Kirchspielvogtei, in der der Dramatiker sieben Jahre lang lebte und arbeitete. Es dokumentiert das Leben und Werk des 1863 in Wien verstorbenen Dramatikers. Zehn historische Räume zeigen Möbel, Haushaltsgegenstände, Bilder und Dokumente. Dem Haus angeschlossen sind eine Forschungsstelle und eine umfangreiche Bibliothek.

Im historischen Frenssen-Haus lernen Besucher den kleinbürgerlichen Lebensmittelpunkt eines deutschen Bestsellerautors kennen. In dem typischen Handwerker-Haus mit Werkstatt und Wohnbereich wurde Gustav Frenssen 1863 geboren. Der Autor avancierte schnell zum Erfolgsschriftsteller. Die literarische Figur »Jörn Uhl« katapultierte Frenssen endgültig an die Spitze deutschsprachiger Roman-Autoren und machte ihn zum meistgelesenen Schriftsteller in Deutschland. Vor 1914 wurde er mehrfach als Kandidat für den Literaturnobelpreis gehandelt. Das Frenssen-Haus spiegelt die kleinbürgerliche Wohnkultur seiner Zeit wieder. Besucher des Literatur-Museums finden das Mobiliar Frenssens, zum Teil die alten Bilder, aber auch seine Bücher wieder.

Der Dichter Klaus Groth (1819 bis 1899) gilt als der bedeutendste niederdeutsche Lyriker. Er machte das Plattdeutsche zur Literatursprache, brachte dessen Schönheit wieder ins Bewusstsein der Menschen. Das Klaus-Groth-Museum ist das Geburtshaus des Dichters. Hier verlebte er seine Kindheit und Jugend. Durch private Initiative konnte das Haus wieder in den Zustand versetzt werden, in dem es sich zu

Feuerzauber beim Heider Marktfrieden

Groths Jugendzeit befand. Die Dauerausstellung vermittelt Einblicke in das Schaffen des Dichters und in die damaligen Lebensverhältnisse.

Lieben Sie Brahms? Wer die Frage mit ja beantwortet, ist in Dithmarschen richtig. Denn in Heide befindet sich das Brahmshaus, in dem die Vorfahren des berühmten Komponisten Johannes Brahms lebten. 1988 wurde das Haus von der Brahms-Gesellschaft Schleswig-Holstein erworben, die sich dem Leben und dem Werk des Komponisten widmete. Neben der Pflege des Andenkens an den großen Komponisten, widmet sich die Gesellschaft auch der Veranstaltung hochkarätiger Konzerte, die zu den kulturellen und gesellschaftlichen Höhepunkten der Region zählen. Das abwechslungsreiche Konzertprogramm reicht von intimen Veranstaltungen im kleinen Rahmen bis zu Großveranstaltungen mit mehreren Hundert Besuchern. Talentierte Nachwuchsinterpreten finden ebenso ihren Platz, wie international renommierte Künstler. Die Höhepunkte des jährlichen Veranstaltungsreigens bilden die Klaviersommernacht und die Verleihung des Brahmspreises.

197

Das Brahmshaus in Heide ist Deutschlands nördlichstes Musikermuseum und zugleich Austragungsort für anspruchsvolle Konzerte.

Freilichtspiel zum Heider Marktfrieden: Junker Slentz bereitet sich zum Angriff auf die Dithmarscher Schanze vor.

Knetteig für Weihnachtsgebäck

500 g Mehl	und
2 TL Backpulver	auf ein Backbrett sieben. In der Mitte eine Vertiefung drücken und
200 g Zucker	
1 Pck. Vanillezucker	
1 Prise Salz	
2 Eier	sowie die abgeriebene Schale von
1 Bio-Zitrone	hineingeben, mit der Hälfte des Mehls zu einem Brei verarbeiten.
250 g Butter	in Stücke schneiden, auf den Brei legen, mit Mehl zudecken und alles möglichst schnell zu einem geschmeidigen Teig verarbeiten. 30 bis 40 Minuten kühl ruhen lassen. Den Teig ausrollen und nach Belieben Plätzchen ausstechen.

Die Plätzchen auf ein Backblech mit Backpapier legen, bei 175 °C etwa 8 Minuten backen, danach mit Zuckerguss und Streuseln verzieren.

Büsumer Hauptstrand im Winter

Mareike Möller in der Weihnachtsbäckerei

Mandelhörnchen

500 g Marzipanrohmasse	und
90 g Zucker, 2 Eiweiße	sowie die abgeriebene Schale von
1 Bio-Zitrone	mit dem Knethaken zu einem glatten Teig verarbeiten. Mit angefeuchteten Händen kleine Röllchen (Ø 7 cm) formen. Diese in
140 g Mandelblättchen	wälzen und zu Hörnchen formen. Bei 175 °C etwa 12 bis 15 Minuten backen. Die Enden der Hörnchen in
100 g flüssige Kuvertüre	eintauchen.

Die Kuvertüre darf nicht wärmer als 34 °C sein, da sie sonst stumpf aussieht.

Quarkbrötchen

199

500 g Quark	mit
4 EL Öl	
250 g Mehl	
1 Ei	
50 g Zucker, 1 Prise Salz	und
1 Pck. Backpulver	verkneten. 8 bis 10 Brötchen formen und auf ein mit Backpapier belegtes Backblech setzen. Bei 170 °C etwa 20 bis 30 Minuten backen.

Französischer Herd

Schmalznüsse

Von Heidi Kolle aus Büsum

500 g Schmalz	mit
3 Pck. Vanillezucker	und
1 Prise Salz, 325 g Zucker	so lange verrühren, bis der Zucker nicht mehr knirscht.
2 Eigelbe	2 Minuten unterrühren.
2 gestr. TL Hirschhornsalz	in
2 EL Wasser	auflösen und mit
800 g Mehl	zur Schmalzmasse hinzufügen. So lange kneten, bis ein homogener Teig entsteht. Rollen formen. Die Rollen in Scheiben schneiden und auf ein mit Backpapier ausgelegtes Backblech geben. Bei 140 °C etwa 15 bis 20 Minuten backen.

Für dunkle Schmalznüsse 5 EL Kakao hinzufügen.

Schokoladenküchlein

6 Eier	trennen. Eiweiße mit
1 Prise Salz	steif schlagen. Den Backofen auf 180 °C vorheizen.
250 g dunkle Schokolade (50 % Kakao)	mit dem Messer fein hacken und mit
130 g Butter	in einen Topf ins Wasserbad geben. Bei 50 °C schmelzen lassen. In einer Schüssel
80 g Zucker	mit den Eigelben schaumig schlagen und die flüssige Schokolade gut unterrühren.
50 g Mehl	2 Minuten unterrühren und den Eischnee unterheben. Den Teig in ausgefettete Muffinformen füllen und etwa 7 Minuten backen.

Dazu Rhabarber-Erdbeer-Grütze (Rezept S. 189) servieren. Die Grütze in tiefe Teller füllen, das Schokoladenküchlein mittig platzieren, mit einer Kugel Eis und Minzblättchen garnieren.

201

Kürbisstuten

2 Würfel Hefe	mit
500 ml Kürbispüree (lauwarm)	vermengen. Dann mit
1 kg Mehl, 1 TL Salz	sowie
3 Eier, 125 g Butter	verkneten und an einem warmen Ort 20 Minuten gehen lassen. 2 Kastenformen mit etwas
Butter	ausstreichen und den Teig zu zwei Drittel einfüllen, wiederum 20 Minuten gehen lassen. Etwa 30 bis 40 Minuten bei 150 °C backen.

Schmeckt am besten warm mit Butter bestrichen.

Schokoladenküchlein

Angler Muck

500 ml guter Rum	mit
500 ml Wasser	aufkochen. Mit
Zucker, Zitronensaft	abschmecken. Heiß servieren.

*Nach dem Genuss dieses Getränkes kann es zu leichtem
Verlust der Dithmarscher Muttersprache kommen.*

Dithmarscher Kaffee

1 frisches Ei	verquirlen und
100 g Kaffee (fein gemahlen)	einrühren, evtl. etwas Wasser hineinrühren, bis eine feuchte, krümelige Struktur erreicht ist.
1,8 l Wasser	aufkochen, nun den angerührten Kaffee einrühren, einmal aufkochen lassen, bis die Oberfläche aufbricht.
1 Prise Salz, 1 TL Zucker	hinzugeben, noch einmal aufbrechen lassen und
100 ml kaltes Wasser	unterrühren. Den Topf mit einem Deckel verschließen. Nun darf der Kaffee nicht mehr kochen. Nach 10 Minuten hat sich der Kaffeesatz am Boden abgesetzt. Der Kaffee wird durch einen Kaffeefilter gefüllt und serviert.

*Dieser Kaffee ist geschmacklich ein Traum
und besonders magenfreundlich.*

Stefan und Mareike beim Angeln

Eiergrog

1 Eigelb, 1 EL Zucker	in einem Glas sehr schaumig schlagen.
2 cl Rum	hinzufügen. Mit
100 ml heißes Wasser	langsam auffüllen und nicht mehr umrühren.

Dithmarscher Eierbier

2 l Malzbier	mit
Zucker, Zimt	sowie der abgeriebenen Schale von
1 Zitrone	aufkochen.
6 Eier	schaumig schlagen und unter ständigem Rühren in das Bier geben. Heiß trinken.

Dazu reicht man Zwieback. Man kann auch helles Bier nehmen, das gibt einen herberen Geschmack.

Holunderbeerlikör

1 l Holunderbeersaft (Rezept S. 205)	mit
500 g Zucker	in einem hohen Topf aufkochen. Dann erkalten lassen. Den kalten Saft mit
500 ml Rum (54 Vol.-%)	und
500 ml Whisky	mischen und in Flaschen abfüllen.

Thies und Stefan schwammen den Fischen hinterher, statt zu angeln.

Hoppelpoppel

4 Eigelbe, 100 g Zucker	und etwas
Muskat	im Wasserbad aufschlagen.
250 ml Rum	dazugeben.
250 ml Sahne	steif schlagen, leicht unterheben.

*Wenn man das Getränk kalt genießen möchte,
serviert man es am besten in vorgekühlten Gläsern.*

Beugelbuddelbeer

Dithmarschen liegt zwar recht weit weg von Bayern, aber auch hier wird Bier gebraut – ein sehr gutes sogar. Zu welcher Spezialität sich der Gast schließlich auch entscheidet – ein kühles »Dithmarscher Pilsener« rundet jede Mahlzeit ab. Gebraut wird dieses »kühle Blonde« in der Marner Privatbrauerei Karl Hintz. Die Brauerei wurde 1884 von Christian Hintz an einer Stelle gegründet, an der sich bereits seit 1775 eine bäuerliche Braustätte befand. Sie befindet sich auch heute noch in Familienbesitz und beschäftigt knapp 50 Mitarbeiter, die täglich etwa 250 000 Flaschen Bier abfüllen. 1983 wurde der Entschluss gefasst, wieder den Bügelverschluss einzuführen. Seitdem ist das »Dithmarscher Pilsener« weit über die Grenzen der Region hinaus als »Beugelbuddelbeer« bekannt. Neben dem Dithmarscher Pilsener werden auch Lemon, Urtyp, Dunkel, Maibock und Urbock gebraut.

*Aufgrund des Bügelverschlusses ist
das Dithmarscher Pilsener auch als
Beugelbuddelbeer bekannt.*

Holunderbeersaft

2 kg Holunderbeeren	waschen, abtropfen lassen, die Beeren abstreifen und in einen Topf geben.
1 l Wasser	dazugeben, aufkochen und nach 10 Minuten durch ein Haarsieb passieren. 2 Liter Saft abmessen, mit
1 kg Gelierzucker	verrühren und 3 Minuten kochen lassen. Sofort in saubere Flaschen füllen und heiß verschließen.

500 g Gelierzucker auf 1 Liter Saft.

Tote Tante

4 cl Rum	erwärmen. Mit
200 ml heißer Kakao	mischen und in eine große Tasse füllen. Mit
50 ml geschlagene Sahne	als Sahnehaube krönen und mit
Schokoraspel	verzieren.

205

Teepunschbowle

700 ml Korn	mit
400 ml Wasser (heiß)	
250 ml starker Schwarzer Tee	und
½ EL Zucker	aufkochen.

Kanzel in der Wesselburener Kirche

Pharisäer

Entstanden ist der Pharisäer der Überlieferung nach auf der nordfriesischen Insel Nordstrand, und zwar im 19. Jahrhundert. Zu jener Zeit amtierte dort der besonders asketische Pastor Georg Bleyer. Bei den Friesen war es Brauch, in seiner Gegenwart keinen Alkohol zu trinken. Bei der Taufe des sechsten oder siebenten Kindes des Bauern Peter Johannsen bedienten sie sich einer List und bereiteten das unten beschriebene Mischgetränk zu. Die Sahnehaube verhinderte dabei, dass der Rum im heißen Kaffee verdunstete und es nach Alkohol roch. Selbstverständlich bekam der Pastor stets einen »normalen« Kaffee mit Sahne. Ob er aufgrund der immer heiterer werdenden Stimmung misstrauisch wurde oder aber versehentlich zum Pharisäer griff, ist nicht bekannt. Berühmt aber ist sein spontaner Vergleich mit Scheinheiligen früherer Zeiten: »Oh, ihr Pharisäer!« Und damit hatte das Nationalgetränk der Nordfriesen nicht nur seine Geschichte, sondern auch seinen Namen.

4 cl Rum	erhitzen und in eine hohe Tasse geben.
150 ml starker, heißer Kaffee	darüber gießen.
1 EL Zucker	nach Belieben unterrühren.
50 ml geschlagene Sahne	als dicke Haube aufsetzen.

Ein gutes Mittel gegen kalte Füße und schlechte Laune.

Schwarzer Johannisbeerlikör

600 g schwarze Johannisbeeren	waschen und mit
250 g weißer Kandis	vermengen, in ein großes Glas geben. Mit
700 ml Korn	übergießen, das Glas verschließen, durchschütteln, 6 bis 8 Wochen stehen lassen. Von Zeit zu Zeit durchschütteln, nicht öffnen. Nach 6 bis 8 Wochen durch einen Filter gießen und in Flaschen füllen.

Mareike bei der Johannisbeer-Ernte

Ein Dorf erblüht

In den Monaten Juli bis November zeigen sich die Felder rund um das kleine Dorf Schülp von ihrer schönsten Seite: dann erstrahlen sie in einem prächtigen Farbspiel von weiß über gelb bis hin zu allen Rottönen – hervorgezaubert von mehr als drei Millionen blühenden Begonien. Den umliegenden Gartenbaubetrieben ist es zu verdanken, dass die knapp 500 Einwohner zählende Gemeinde den Beinamen Blumendorf erhielt. Die Geschichte des Blumendorfes begann 1886, als der frisch ausgebildete Gärtner Hans Diener die ersten Knollenbegonien aus Kiel mitbrachte. Seine Nachkommen führen das Geschäft bis heute weiter. Die Gärtnerei H. Diener Sohn zählt mittlerweile zu den drei größten Begonienzuchtbetrieben in Europa.

207

Blühendes Begonienfeld bei Schülp

Die Wälder in Dithmarschen laden zu erholsamen Spaziergängen ein.

Begriffserläuterungen

Abbacken/Ausbacken	Etwas in heißem Fett schwimmend backen.
Ablöschen	Das Angießen von scharf angebratenem oder geschmortem Fleisch oder Gemüse.
Abschmecken	Eine Speise mit den Grundgewürzen Salz, Pfeffer, Zucker usw. nach eigenem Geschmack würzen.
Andünsten/Anschwitzen	Ein Lebensmittel in heißem Fett leicht rösten, ohne es zu braten. Das Lebensmittel soll nur glasig werden, z.B. Zwiebeln.
Ausbraten/Auslassen	Den Speck so lange braten, bis das Fett herausgebraten ist.
Blanchieren	Kurz in kochender Flüssigkeit garen und danach in Eiswasser abschrecken (Farbe bleibt erhalten).
Garen/Köcheln	Eine Speise sollte nicht stark kochen. Die Hitzezufuhr muss so gedrosselt werden, dass nur ein leichtes Aufsteigen von Kochblasen zu sehen ist.
Gratinieren	Das Überbacken von Speisen.
Legieren	Ist das Binden und Verfeinern von Gerichten mit Eigelb. Das Ei oder Eigelb wird mit warmer Flüssigkeit vermischt und unter ständigem Rühren in die nicht mehr kochende Speise gegeben.
Karkasse	Aus dem Französischen: Carcasse für Gerippe. Karkasse nennt man das nach dem Tranchieren meist kleinerer Tiere zurückbleibende Knochengerüst samt eventuell anhaftender Fleischreste.
Marinieren	Ist das Einlegen von Lebensmitteln in eine gewürzte Flüssigkeit, um der Speise einen besonderen Geschmack und bessere Haltbarkeit zu verleihen.
Mehlschwitze	Traditionelles Bindemittel von Suppen und Soßen (Fett zerlassen und Mehl einrühren).
Parieren	Fleisch von Fett und Sehnen befreien.
Passieren	Flüssigkeiten durch ein Sieb oder Tuch geben.
Pürieren	Ein gares Lebensmittel wird stark zerkleinert. Früher war hierfür in vielen Haushalten die »Flotte Lotte« ein beliebtes Haushaltsgerät, z.B. um Apfelmus herzustellen.
Reduzieren	Flüssigkeit fast vollständig verkochen lassen (einkochen).
Stocken lassen	Das Garen von Eiern oder Eimasse, bei mäßiger Hitze im Topf oder Wasserbad, ohne dabei das Gargut umzurühren.
Wasserbad	Ist eine Methode, um Speisen indirekt mit Hitze zu versorgen. Dabei wird der Topf mit den Speisen in einen anderen Topf mit heißem Wasser auf den Herd gestellt.
Zerlassen	Butter oder Margarine in einer Pfanne oder einem Topf bei mäßiger Hitze schmelzen, aber nicht braun werden lassen.

Maße und Gewichte

1 gestr. EL Fett	15 g	1 Liter	1000 ml / 1000 ccm
1 gestr. EL Mehl	10 g	¾ Liter	750 ml / 750 ccm
1 geh. EL Mehl	15 g	½ Liter	500 ml / 500 ccm
		d Liter	375 ml / 375 ccm
1 kleine Zwiebel	30 g	¼ Liter	250 ml / 250 ccm
1 mittlere Zwiebel	50 g	c Liter	125 ml / 125 ccm
1 große Zwiebel	70 g		
		1 TL	5 ml
1 kleine Kartoffel	70 g	1 EL	15 ml
1 mittlere Kartoffel	120 g	1 Tasse	150 ml
1 große Kartoffel	180 g		
½ kg	500 g		
1 kg	1000 g		

Abkürzungen

Msp.	Messerspitze
EL	Esslöffel
geh. EL	gehäufter Esslöffel
gestr. EL	gestrichener Esslöffel
TL	Teelöffel
geh. TL	gehäufter Teelöffel
gestr. TL	gestrichener Teelöffel
g	Gramm
kg	Kilogramm
ml	Milliliter
cl	Zentiliter
l	Liter
ccm	Kubikzentimeter
Pck.	Päckchen
°C	Grad Celsius
TK	Tiefkühl-Kost

Rezeptregister, alphabetisch

H/J

K

T/V

W/Z

KOHLosseum
Dithmarschen erleben...

Bahnhofstraße 22, 25764 Wesselburen

Krautwerkstatt – Bauernmarkt – Kohlmuseum
In der historischen Zucker & Sauerkrautfabrik

Wir sind Hersteller von, Bio-aktivem Sauerkraut, Gemüsemix, Rotkohl im Glas vergoren, der Hautpflegesalbe Wekohsal und vieles andere mehr.

Öffnungszeiten: Bauernmarkt:	Vorführung in der	Sie erreichen uns unter
Mo.–Fr. 9.00–17.00 Uhr	Krautwerkstatt und Museumsführung	Tel.: 04833-45890
Sa. 9.00–13.00 Uhr	Di., Mi. & Do. um 14.00, 15.00 & 16.00 Uhr	www.kohlosseum.de
	Und für Gruppen nach Vereinbarung	info@kohlosseum.de

Wir würden uns freuen, Sie bei uns im KOHLosseum begrüßen zu dürfen. Zum Beispiel zu den Dithmarscher Kohltagen jedes Jahr 3. Septemberwoche.

Mühlen Bäcker

Ich weiß, was ich liebe!

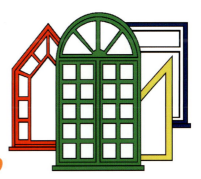

Ein herzliches Dankeschön an ...

... liebe Freunde, die mich in zahlreichen Gesprächen beim Fachsimpeln über alte und neue Rezepte der Dithmarscher Küche begleitet haben. Mit Werner Siems fand ich den idealen Begleiter für die Texte meines Buches. Der größte Anteil der Fotos dieses Buches stammt von Werner und mir.

Bisher noch nicht veröffentliche Fotos vom alten Büsum stellten mir meine liebe Schwiegermutter Birgit Eckert sowie Elke Hayeßen zur Verfügung. Der Profi-Fotograf und gelernte Koch Mike Hofstetter verbrachte viel Zeit in unserer Kochschule, um traditionelle Gerichte im richtigen Licht zu fotografieren. Meine Schwester Inge sowie mein Schwager Boje Reimers haben Stunden auf ihrem Dachboden verbracht, um mir Fotos aus der Bauzeit des Meldorfer Speicherkooges zur Verfügung zu stellen.

Bernd Poremba, Fleischermeister, stellte mir seine persönlichen Wurst-Rezepte zur Verfügung. Für das Rezeptkapitel Backen bekam ich von Sabine Averhoff, Heidi Kolle von Kolles Muschsaal in Büsum sowie von Heidi Kruse Rezepte und Anregungen. Auch unser Freund Wolfgang Kubicki findet sein Lieblingsrezept in diesem Buch wieder.

Sehr gefreut hat mich die spontane und sofortige Zusage unseres Ministerpräsidenten und Taufpaten meiner Tochter Mareike, Peter Harry Carstensen sowie unserem Landrat Dr. Jörn Klimant und Kreispräsidenten Karsten Peters für Ihre Grußworte. Ich danke außerdem unserer Bürgermeisterin Anke Friccius und Hermann Diener für die Auskünfte über die regionalen Produkte, Kohlpflanzen sowie die Begonien-Aufzucht.

Ganz besonders möchte ich meiner Familie – meiner Frau Tanja und meinen Töchtern Mareike, Desiree, Dominique und Susanne danken, die mir mit Rat und Tat zur Seite standen und geduldig die Rezept-Sammlung in sämtlichen Zimmern unseres Hauses ertrugen.

Was wäre dieses Buch ohne Anzeigenpartner! Mit allen verbindet mich mehr als nur eine geschäftliche Beziehung. Besonders liegt es mir am Herzen, den Mitarbeitern des Verlages für die kreative und unkomplizierte Zusammenarbeit zu danken.